Libro científico

Libro científico

Investigaciones en tecnologías de información informática y computación

Lic. Lotzy Beatriz Fonseca Chiu,
Mtra. María Elena Romero Gastelú,
Mtro. Luis Antonio Medellín Serna,
Mtro. Jorge Lorenzo Vásquez Padilla

Número de Control de la Biblioteca del Congreso de EE. UU.:   2014900013
ISBN: Tapa Dura   978-1-4633-7631-4
                 Tapa Blanda   978-1-4633-7630-7
                 Libro Electrónico   978-1-4633-7629-1

Para realizar pedidos de este libro, contacte con:
Palibrio LLC
1663 Liberty Drive
Suite 200
Bloomington, IN 47403
Gratis desde EE. UU. al 877.407.5847
Gratis desde México al 01.800.288.2243
Gratis desde España al 900.866.949
Desde otro país al +1.812.671.9757
Fax: 01.812.355.1576
ventas@palibrio.com
505682

ÍNDICE

CONSTRUYENDO SITIOS WEB CON UN CMS EN LA UNIVERSIDAD

Lotzy Beatriz Fonseca Chiu
Luis Antonio Medellín Serna
Jorge Lorenzo Vásquez Padilla

Resumen.

El trabajo tiene como finalidad difundir la experiencia de crear sitios Web utilizando el CMS Drupal, desarrollados por estudiantes universitarios en equipos de trabajo como parte de los proyectos que se les solicitan en las materias de Tópicos Selectos de Informática I (Comercio Electrónico) e Ingeniería de Software que impartimos en el Centro Universitario de Ciencias Exactas e Ingenierías (CUCEI) de la Universidad de Guadalajara.

Palabras clave: Sitios Web, CMS, Drupal, proyectos, estudiantes universitarios.

Building Websites with CMS in College.

Abstract.

The paper aims to disseminate the experience of creating Web sites using the Drupal CMS, developed by university students working in teams as part of the projects that were requested in the areas of Computer Selected Topics (Electronic Commerce) and Engineering Software to teach in the University Center for Science and Engineering (CUCEI) at University of Guadalajara.

Keywords: Websites, CMS, Drupal, projects, university students.

1 Introducción.

Un sitio Web es un conjunto de páginas Web que se relacionan entre sí y tienen una estructura específica (Ibabe, 2005). Una página Web puede contener texto, imágenes, audio y vídeo. Un sitio Web suele organizar sus temas en secciones. Así, una sección trata de varios temas y un tema puede contener varias páginas.

Un sitio Web tiene un alcance global, es decir, puede llegar a usuarios de todas partes del mundo que tengan acceso a Internet. Pensando en este alcance global, es que surge la idea de que nuestros estudiantes universitarios que cursan materias de Tópicos Selectos de Informática I (Comercio Electrónico) e Ingeniería de Software en el Centro Universitario de Ciencias Exactas e Ingenierías desarrollarán sitios Web por equipos como parte de los proyectos solicitados en las materias que impartimos en la institución. Los estudiantes adquirirían la competencia de desarrollar sitios Web que les permitiría tener un alcance mundial para compartir conocimiento creado por ellos mismos.

2 Referentes teóricos.

¿Qué es un sitio Web? Es un conjunto de páginas Web relacionadas entre sí. Se entiende por página Web tanto el fichero que contiene el código HTML como todos los recursos que se emplean en la página (imágenes, sonidos, vídeos, etc.). En todo sitio Web suele existir una página inicial o principal, generalmente contiene el menú a través de la cual el usuario puede visitar todas las páginas contenidas en el sitio Web (Luján, 2002).

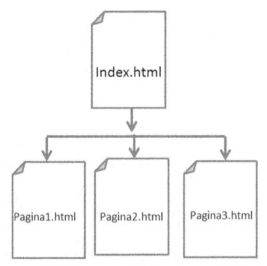

Imagen 1. Estructura básica de un sitio Web.

¿Qué es un CMS? Un CMS es básicamente un paquete de software que proporciona herramientas necesarias para la edición, publicación y administración de contenidos de un sitio Web (Tomlinson, 2011).

¿Qué es Drupal? Es un CMS de código abierto y gratuito escrito en lenguaje PHP y distribuido bajo los derechos de propiedad intelectual GNU. Drupal es el producto de un proyecto del estudiante Dries Buytaert de una Universidad alemana.

¿De qué se compone Drupal? Drupal tiene un núcleo, que representa un conjunto de herramientas generales de un sitio Web.

Los componentes principales del núcleo son: Contenido, subida y descarga de archivos, menús, cuentas de usuario, permisos y derechos, taxonomía, Blogs, foros de discusión, encuestas en línea (Tomlinson, 2011).

¿Y si quiero más funciones aparte de las del núcleo de Drupal? Existen miles de módulos personalizados contribuidos al proyecto Drupal por desarrolladores de todo el mundo. Para encontrar módulos contribuidos, pueden consultar: www.drupal.org/project/modules.

El objetivo de la creación de sitios Web sería desarrollarlos como proyectos para las materias de Tópicos Selectos de Informática I (Comercio Electrónico) e Ingeniería de Software pero, **¿Qué es un proyecto?** Un proyecto es un esfuerzo para lograr un objetivo específico por medio de una serie particular de tareas interrelacionadas y la utilización eficaz de recursos. Los proyectos son una metodología integradora que plantea la inmersión del estudiante en una situación o una problemática real que requiere solución o comprobación. Se caracteriza por aplicar de manera práctica una propuesta que permite solucionar un problema real desde diversas áreas de conocimiento, centrada en actividades y productos de utilidad social (Gido, 2006). Para el caso particular del presente estudio, el profesor propuso de acuerdo a su materia un proyecto que los alumnos deberían realizar en el transcurso del semestre.

Etapas de un Proyecto:

1.-Planeación.
2.-Recursos.
3.-Objetivos.
4.-Proceso.
5.-Resultados.

En este caso los estudiantes tendrían que pasar por las etapas de un proyecto para finalizar sus proyectos en tiempo y forma, de acuerdo a las especificaciones y con la guía de su profesor de acuerdo a la materia. Pero ¿Por qué utilizar la estrategia de desarrollo de proyectos? (Pimienta, 2012).

Porque permite desarrollar los diversos aspectos de las competencias, en su tres dimensiones de saber y articulando la teoría con la práctica.

- Favorecen prácticas innovadoras.
- Ayudan a solucionar problemas.
- Permiten transferir conocimientos, habilidades y capacidades a diversas áreas de conocimiento.
- Permiten aplicar el método científico.

- Favorecen la metacognición.
- Fomentan el aprendizaje cooperativo.
- Ayudan a administrar el tiempo y los recursos.
- Alientan el liderazgo positivo.
- Fomentan la responsabilidad y el compromiso personal.
- Contribuyen a desarrollar la autonomía.
- Permiten una comprensión de los problemas sociales y sus múltiples causas.
- Permiten un acercamiento a la realidad de la comunidad, el país y el mundo.
- Alientan el aprendizaje de gestión de un proyecto.
- Permiten desarrollar la autonomía y la capacidad de hacer elecciones y negociaciones.

Se propuso a los estudiantes trabajar por equipos, en todas las materias que comprenden este estudio, por ser una estrategia que mejor se adaptaba a nuestro estudio, pero ¿Por qué trabajar en equipos? la razón básica para la creación de equipos de trabajo reside en la expectativa de que ejecutarán tareas con mayor eficacia que los individuos, lo cual redundará en beneficio de los objetivos organizativos generales (West, 2003). Para comprender cómo hay que trabajar en equipos es importante tomar en consideración el contenido de la tarea y las estrategias y procesos empleados por los miembros del equipo para realizarla. Para funcionar con eficacia, los miembros de un equipo deben concentrarse activamente en sus objetivos, revisando con regularidad las formas de alcanzarlos y los métodos de trabajo del grupo. Asimismo, para fomentar su bienestar, el equipo debe reflexionar acerca de las maneras en que presta apoyo a los miembros, cómo se resuelven los conflictos y cuál es el clima social general del equipo. Los aspectos más significativos del trabajo en equipo son:

- Alcanzar los objetivos del equipo.
- La participación activa dentro del equipo.
- La división de las tareas.
- Apoyo a la innovación.

3 Contexto.

El desarrollo por equipos de proyectos se realizó en el calendario 2013 A entre jóvenes universitarios de las carreras de Ingeniería en Computación y Licenciatura en Informática que cursan las materias de Tópicos Selectos de Informática I (Comercio Electrónico) e Ingeniería de Software del Centro Universitario de Ciencias Exactas e Ingenierías de la Universidad de Guadalajara, las edades de los estudiantes están entre 22-24 años de edad.

4 Desarrollo.

La estrategia didáctica en pasos:

1.- Se solicitó a los estudiantes que hicieran equipos de máximo 3 estudiantes.
2.- En horario de clases se les explicó a los alumnos en que consistiría el proyecto.
3.- Se les especificó a los estudiantes que tendrían que desarrollar un sitio Web con contenido propio, que se desarrollaría con el CMS Drupal.
4.- Se les proporcionó a los estudiantes un manual del uso de Drupal en formato .pdf.

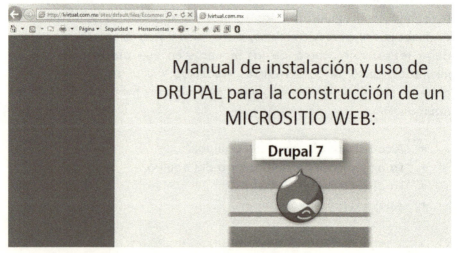

Imagen 2. Manual de Drupal, desarrollado por los profesores.

5.- Los estudiantes decidieron el tema del cual desarrollarían el sitio Web esto de acuerdo a lo solicitado por el profesor.

6.- Se acordó con los estudiantes que investigarían otros módulos aparte de los proporcionados en el manual desarrollado por los profesores.

7.- Se establecieron los tiempos de entrega del proyecto y que se evaluaría de acuerdo a los puntos establecidos por el profesor.

5 Resultados.

5.1 Sitio Web desarrollado con el CMS Drupal creados por los estudiantes en imágenes.

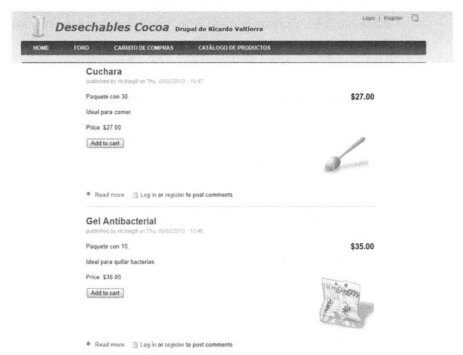

Imagen 3. Sitio Web desarrollado con el CMS Drupal por estudiantes.

5.2 Resultados de la encuesta.

Se elaboró una encuesta con las siguientes preguntas para observar el grado de aceptación de los alumnos en el uso del CMS Drupal (cabe resaltar que la encuesta se llevó a cabo a través de Facebook):

La encuesta contenía las siguientes preguntas:

1.- ¿El manual de Drupal 7 que te proporcionó el profesor te ayudó a desarrollar tu sitio de forma?.
a) excelente b) muy buena c) regular d) buena e) mala
2.- ¿Consideras que aprendiste el uso de Drupal 7 de forma?.
a) excelente b) muy buena c) regular d) buena e) mala
3.- ¿Qué módulos aplicaste en tu sitio Web que investigaste por tu cuenta?.
R=

Encuesta materia Tópicos Selectos de Informática I:

Karen L'Rodriguez
1.-¿El manual de Drupal 7 que te proporciono el profesor te ayudó a desarrollar tu sitio web de forma?
😀 MUY BUENA
2.-¿Consideras que aprendiste el uso de Drupal 7 de forma?
C) BUENA
3.-¿Qué módulos aplicaste en tu sitio web que investigaste por tu cuenta? el de videos, carrito de compras y el visor de imagenes
Ana Karen Gpe. Lozano Rodriguez

Imagen 4. Encuesta contestada por estudiantes en Facebook de la materia de Tópicos Selectos de Informática I.

En la materia de Tópicos Selectos de Informática I se obtuvieron los siguientes resultados:

Pregunta	Cantidad de Estudiantes	Resultado
1	1	Excelente
	49	Muy buena
	1	Regular
2	50	Muy buena
	1	Buena

6 Conclusiones.

Los estudiantes universitarios inscritos en la materia de Tópicos Selectos de Informática I (Comercio Electrónico) e Ingeniería de Software que se imparte en el Centro Universitario de Ciencias Exactas e Ingenierías de la Universidad de Guadalajara desarrollaron sitios Web con contenido como vídeos, imágenes, texto, hipervínculos, foros, Blogs, carritos de compras e incluyeron en sus sitios acceso a redes sociales como Facebook y Twitter usando el CMS Drupal. Con el desarrollo de los sitios Web usando el CMS Drupal los estudiantes desarrollaron competencias tecnológicas, pero también el trabajo colaborativo y solidario.

7 Referencias bibliográficas.

[1] Gido, J. (2006). Administración exitosa de proyectos. México: Cengage Learning.

[2] Ibabe Izaskun. (2005). Cómo crear una Web docente de calidad. España: Gesbiblo, S.L.

[3] Luján, S. (2002). Programación de aplicaciones Web: historia, principios básicos y clientes Web. España: Editorial Club Universitario.

[4] Pimienta, J. (2012). Estrategias de enseñanza-aprendizaje. México: Pearson.

[5] Tomlinson Tood. (2011). Drupal 7. Madrid: Anaya Multimedia.

[6] West, M. (2003). El trabajo eficaz en equipo 1+1=3. Barcelona: Paidós plural.

UN MODELO DE SEGURIDAD EN INTERNET UTILIZANDO SISTEMAS DISTRIBUIDOS

Jorge Lorenzo Vásquez Padilla
María Elena Romero Gastelú
Luis Antonio Medellín Serna

Resumen.

Las actuales necesidades corporativas implican la instalación de redes seguras de computadoras, separadas físicamente por grandes distancias, y utilizando la técnica de sistemas distribuidos, esto para llevar a cabo la operación exitosa de la corporación incluidas todas las sucursales alrededor del mundo, el presente trabajo propone un modelo utilizando lo último en tecnología en dispositivos de redes, en protocolos de seguridad, así como la implementación de un modelo distribuido de carga de trabajo para el óptimo funcionamiento del modelo de red propuesta.

Palabras clave: Internet, seguridad, sistemas distribuidos.

1 Introducción.

Este mundo globalizado exige la instalación de sucursales corporativas en diferentes lugares geográficos, separados casi siempre por grandes distancias, y estas sucursales interconectadas entre sí para garantizar el intercambio de bases de datos, la ejecución de aplicaciones corporativas, la comunicación telefónica usando VoIP (voz sobre Protocolo de Internet), las vídeoconferencias, etcétera, y todo esto bajo estrictas medidas de seguridad para evitar el espionaje corporativo o los ataques cibernéticos. Se analizaron los diferentes modelos de interconexión de redes de computadoras y se eligió el modelo de la red privada virtual o VPN, en el aspecto de seguridad en las telecomunicaciones se eligió el protocolo de capa de conexión segura o SSL sobre el protocolo de autenticación de redes de computadoras o Kerberos, y en el aspecto operativo de nuestra red corporativa se eligió el modelo de sistemas distribuidos para distribuir la carga de trabajo y garantizar la operación de nuestra red corporativa en todo momento.

2 Estado del arte.

Una red privada virtual o VPN es una red privada construida dentro de una infraestructura de red pública, tal como la red mundial de Internet. Las empresas pueden usar redes privadas virtuales para conectar en forma segura oficinas y usuarios remotos a través de accesos a Internet económicos proporcionados por terceros en vez de costosos enlaces WAN dedicados o enlaces de marcación remota de larga distancia, las organizaciones pueden usar redes privadas virtuales para reducir los costos de ancho de banda y redes WAN y la vez aumentar las velocidades de conexión a través de conectividad a Internet de alto ancho de banda, tal como DSL, Ethernet o cable. Las redes privadas virtuales proporcionan el mayor nivel posible de seguridad mediante seguridad IP cifrada o IPsec o túneles VPN de Secure Sockets Layer (SSL) y tecnologías de autenticación. Estas tecnologías protegen los datos que pasan por la red privada virtual contra accesos no autorizados. Las empresas pueden aprovechar la infraestructura estilo Internet de la red privada virtual cuya sencillez de abastecimiento permite agregar rápidamente nuevos sitios o usuarios.

3 Metodología usada.

Red privada virtual o VPN: una VPN es una red privada que utiliza la Internet para conectar con seguridad usuarios o sitios remotos, en lugar de usar líneas dedicadas, una VPN utiliza una conexión virtual enrutada a través de Internet en enlaces de banda ancha, esta tecnología permite a las organizaciones extender sus servicios de red a través de Internet hacia sus sucursales y usuarios remotos creando una WAN privada vía Internet; utilizando tunneling, encriptación, autenticación y tecnología de directorios; las redes privadas virtuales en IP le ofrecen confidencialidad y el más alto nivel de seguridad en el intercambio de datos entre las diferentes sucursales de una empresa además de grandes ahorros en los gastos de operación; desde la perspectiva del usuario una VPN opera transparentemente dándole la sensación como si estuviera trabajando en la oficina, el correo electrónico, las bases de datos, intranets, voz sobre IP, vídeo o cualquier otra aplicación pueden pasar a través de una conexión de VPN; la aplicación de una VPN de red a red envía tráfico de red sobre la conexión de Internet de la sucursal en lugar de depender de conexiones de líneas dedicadas, esto puede ahorrar miles de pesos en costos de líneas y reducir los altos costos en hardware y administración; la aplicación de una VPN cliente a red envía el tráfico del usuario remoto sobre su conexión de Internet, la ventaja es que el usuario remoto puede hacer una llamada local a un proveedor de servicio de Internet en comparación de una llamada de larga distancia al servidor de acceso remoto de la compañía. Además de reducir los costos en las comunicaciones, una solución VPN también proporciona las siguientes ventajas: extiende la conectividad geográfica, crecimiento de productividad de empleados, mejora la seguridad de Internet, es fácilmente escalable, simplifica la topología de red y se puede cursar tráfico de datos, imágenes en movimiento y voz simultáneamente. En una VPN una compañía usa el ancho de banda de Internet para establecer conexiones privadas y seguras entre sus empleados y oficinas remotas, cada usuario remoto se conecta con el proveedor de servicio de Internet local, un proceso llamado túnel es usado para llevar la información sobre Internet, sin embargo, el túnel por sí solo no asegura la privacidad, para asegurar una transmisión de túnel contra intercepciones todo el tráfico sobre una VPN es encriptado para su seguridad. La tecnología de la VPN está diseñada para tratar temas relacionados con la tendencia actual de negocios hacia mayores telecomunicaciones, operaciones globales ampliamente distribuidas y operaciones con una alta interdependencia de socios donde los trabajadores deben conectarse a recursos centrales y entre sí; las VPN basadas en IP abarcan el 50% de mercado de venta de nuevas VPN y es una de las áreas de mayor crecimiento en el mercado de las telecomunicaciones, en el mundo de banda ancha actual se está conduciendo al uso de la VPN a través de enlaces de alta velocidad que no solo incluyen aplicaciones sencillas como el respaldo de archivos sino que también incluyen usos más sofisticados como voz sobre IP para extender las comunicaciones internas entre empresas grandes con oficinas remotas.

Secure Sockets Layer el protocolo de capa de conexión segura o SSL y Transport Layer Security seguridad de la capa de transporte o TLS, su sucesor, son protocolos criptográficos que proporcionan comunicaciones seguras por una red, comúnmente Internet, SSL proporciona autenticación y privacidad de la información entre extremos sobre Internet mediante el uso de criptografía, habitualmente solo el servidor es autenticado, se garantiza su integridad mientras que el cliente se mantiene sin autenticar, la autenticación mutua requiere un despliegue de infraestructura de claves públicas para los clientes, los protocolos permiten a las aplicaciones cliente-servidor comunicarse de una forma diseñada para prevenir las escuchas, la falsificación de la identidad del remitente y alterar la integridad del mensaje. SSL implica la siguiente serie de fases básicas, el negociar entre las partes del algoritmo que se usará en la comunicación, el intercambio de claves públicas y la autenticación basada en certificados digitales y el cifrado del tráfico basado en cifrado simétrico. Durante la primera fase el cliente y el servidor negocian que algoritmos criptográficos se van a usar, las implementaciones actuales proporcionan las siguientes opciones, para la criptografía de clave pública, RSA, Diffie-Hellman, DSA o Fortezza, para el cifrado simétrico RC2, RC4, IDEA, DES, Triple DES a AES, y como funciones HASH MD5 o de la familia SHA. El protocolo SSL intercambia registros, opcionalmente cada registro puede ser compreso, cifrado y empaquetado con un código de autenticación del mensaje. TLS/SSL poseen una variedad de medidas de seguridad como es el numerar todos los registros y utilizar el número de secuencia; usar un resumen del mensaje mejorado con una clave, de modo que sólo con dicha clave se pueda comprobar; protección contra varios ataques conocidos como los que implican un degradado del protocolo a versiones previas o conjuntos de cifrado más débiles; el mensaje que finaliza el protocolo de comunicación envía un hash de todos los datos intercambiados y vistos por ambas partes; la función pseudoaleatoria divide los datos de entrada en dos mitades y las procesa con algoritmos hash diferentes, después realiza sobre ellos una operación XOR, de esta forma se protege a sí mismo de la eventualidad de que alguno de estos algoritmos se revelen vulnerables en el futuro. SSL se ejecuta en una capa entre los protocolos de aplicación y sobre el protocolo de transporte TCP que forma parte de la familia de protocolos TCP/IP, aunque pueda proporcionar seguridad a cualquier protocolo que use conexiones de confianza, se usa en la mayoría de los casos junto a http para formar HTTPS, HTTPS es usado para asegurar páginas World Wide Web para aplicaciones de comercio electrónico utilizando certificados de clave pública para verificar la identidad de los extremos. VISA, Master Card, American Express y muchas de las principales instituciones financieras han probado SSL para el comercio sobre Internet. Algunas primeras implementaciones de SSL podían usar claves simétricas con un máximo de sólo 40 bits debido a las restricciones del gobierno de Estados Unidos sobre la exportación de la tecnología criptográfica, con el paso del tiempo las autoridades relajaron algunos aspectos de las restricciones de exportación, la limitación de claves de 40 bits en su mayoría han desaparecido, las implementaciones modernas usan claves de 128 bits como mínimo para claves de cifrado simétricas. Entre las ventajas de SSL encontramos que es independiente del protocolo de aplicación, ya que es posible ubicarlo por encima del mismo en forma transparente; los cuerpos de la petición y de la respuesta del cifrado se protegen contra ojos intermedios; el servidor autentica a clientes que registran el certificado de SSL; usar un certificado firmado por una autoridad de firma puede también proporcionar un nivel similar del aseguramiento para el uso del cliente; ninguna configuración adicional es requerida, apenas se configura el Web Server; más de 20 millones de certificados en todo el mundo ganan confianza del público a través de la autoridad certificadora GlobalSign; ofrece la opción del certificado sin límite, lo que permite cambiar de producto de alojamiento cuando quiera sin tener gastos adicionales; se garantiza una compatibilidad de certificados con más del 96% de los navegadores; es independiente de las aplicaciones una vez que se ha establecido una conexión; paquetes de aplicación están disponibles para varias plataformas como Unix, Linux, Windows y otros; muchos productos como servidores Web y navegadores tienen soporte para SSL, SSL es ya un estándar; la validación de la organización proporciona a los clientes un alto grado de seguridad para las transacciones con empresas en línea.

En el presente artículo se hace la propuesta de interconexión de 2 sucursales mundiales pertenecientes a una corporación con 20 computadoras cada una que necesite transmisión de vídeo y acceso a la base de datos, dichas sucursales se encuentran en zonas urbanas de diferentes países. Se propone que las computadoras en las sucursales sean PC con un monitor de 20 pulgadas, 4 Gigabytes en memoria RAM, 1 Terabyte de disco duro, un procesador Intel Core i5 3.2 Gigahertz, sistema operativo Windows XP y una Web Cam HD; en esta propuesta se eligen las computadoras arriba mencionadas con cámara Web, una de estas computadoras será el servidor de archivos en cada sucursal, estas computadoras tienen el suficiente poder de cómputo para funcionar de acuerdo a los requerimientos, ya que el sistema completo requiere a lo más un gigabyte de disco duro, se utiliza el sistema operativo Windows debido a que es un estándar y soporta los protocolos a utilizar, de la misma manera los usuarios están familiarizados con este sistema; se utilizará como servidor de base de datos a MySQL dado que es potente, seguro y se puede actualizar, nos da las prestaciones que necesitamos, para poder accesar el sistema corporativo a través de una página Web usaremos el servidor Apache Web Server, donde se montará la página o portal requeridos, se actualizarán entre sí los servers que contienen las bases de datos de acuerdo al tráfico de red para no saturar a la red con procedimientos de copia y respaldo, al implementar un procesamiento de datos distribuido, podremos encontrar las siguientes ventajas: receptividad, ya que las instalaciones de computación local se pueden gestionar de tal manera que pueden satisfacer más directamente las necesidades de gestión de las organizaciones locales que una instalación central que intenta satisfacer las necesidades de toda la organización; disponibilidad, con múltiples sistemas interconectados, la pérdida de un sistema podría tener un impacto mínimo, los sistemas y componentes prioritarios como las computadoras con aplicaciones críticas, impresoras y dispositivos de almacenamiento masivo podrían estar replicados de forma que un sistema de recuperación puede asumir la carga rápidamente después de un fallo; compartición de recursos, el hardware más caro se puede compartir entre los usuarios, las bases de datos se pueden gestionar y mantener de forma centralizada pero con acceso a toda la organización, los servicios para el personal, los programas y las bases de datos se pueden desarrollar en toda la organización y se pueden distribuir a las distintas instalaciones; crecimiento incremental, en una instalación centralizada un incremento en la carga de trabajo o la necesidad de un nuevo conjunto de aplicaciones normalmente supone la compra de gran equipamiento o de significativas actualizaciones de software, esto implica un gasto importante, además estos cambios pueden requerir la conversión o reprogramación de aplicaciones existentes con el correspondiente riesgo de errores y degradación del rendimiento, en un sistema distribuido se pueden reemplazar gradualmente las aplicaciones o los sistemas y además los equipos antiguos se pueden dejar en las instalaciones para ejecutar aplicaciones sencillas si el costo de pasar la aplicación a una nueva computadora no está justificado; mayor participación y control del usuario, con equipos más pequeños, más manejables, físicamente localizados cerca del cliente el usuario tiene más posibilidades de influir en el diseño y funcionamiento del sistema a través de la interacción con el personal técnico o a través de su supervisor inmediato; productividad del usuario final, los sistemas distribuidos tienden a tener mayor rapidez de respuesta ya que cada pieza del equipo está realizando un trabajo más pequeño, las aplicaciones y las interfaces pueden estar optimizadas a las necesidades del departamento en cuestión, los administradores del departamento pueden evaluar la efectividad de la parte local de la instalación y hacer los cambios apropiados. La técnica a utilizar en la implementación de nuestro corporativo será la creación de redes privadas virtuales VPN junto con la técnica de certificados SSL, se usa la dupla SSL y VPN para garantizar la seguridad de las bases de datos, puesto que los requerimientos son los siguientes: confidencialidad, se requiere que la información de un sistema informático solo se encuentre accesible para lectura para aquellas partes que estén autorizadas a este tipo de acceso, este tipo de acceso incluye impresión, mostrado de datos y otras formas de observación incluyendo la simple revelación de la existencia de un elemento; integridad, requiere que los contenidos de un sistema informático sólo podrán modificarse por las partes que se encuentren autorizadas, las modificaciones incluyen escritura, cambio, modificación del estado, borrado y creación; disponibilidad, requiere que los componentes de un sistema informático estén disponibles para todas aquellas partes autorizadas; autenticación, requiere que el sistema informático sea capaz de verificar la identidad de los usuarios. Para la creación de las redes VPN en cada sucursal o nodo corporativo se eligió el equipo Cisco VPN 3005 que entre sus características mostradas en [1] soporta hasta 200 sesiones simultáneas. Los servicios de certificados SSL de 128 bits son confiables, el sello de compañías de certificados SSL como VeriSign se muestra hasta 250 millones de veces al día en más de 90,000 sitios Web de 160 países como se muestra en [2].

4 Resultados experimentales.

En nuestra investigación se utilizaron dos modelos diferentes de hacer las cosas y se contrastaron los resultados obtenidos; en el primer modelo se utilizó como referencia la dupla VPN SSL que manejan algunas corporaciones bancarias como Banamex en su servicio BancaNet, por ser una de las representativas en los servicios on-line que se manejan actualmente en Internet en nuestro país, este modelo se muestra en la imagen siguiente:

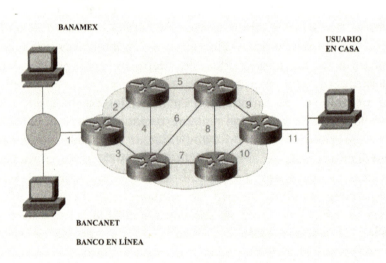

Imagen 1. Modelo de banca en línea BancaNet.

Por otra parte siguiendo el modelo propuesto se utiliza en cada nodo corporativo o LAN un equipo Cisco VPN 3005 como se ilustra en la siguiente imagen:

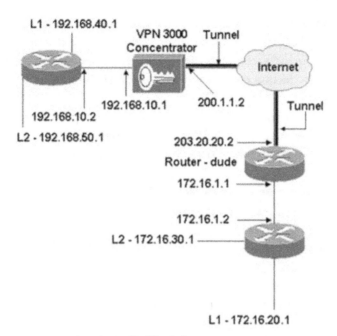

Imagen 2. Modelo propuesto.

Y se contrastan los resultados obtenidos:

Instalación de software y antivirus.

En el servicio BancaNet es necesario conectarse a la página Web del banco en cuestión, requerir el servicio, bajar el software VPN, instalarlo y reiniciar la computadora, al iniciar el sistema el antivirus del paquete BancaNet hace un chequeo del equipo en busca de software malicioso, este antivirus es controlado por la compañía AhnLab.

En el modelo propuesto se requiere instalar un pequeño archivo ejecutable que se baja de Internet, se baja, se instala y queda operativo después de la instalación sin necesidad de reiniciar el equipo, en cuanto al antivirus el administrador es libre de instalar el antivirus de su confianza.

Configuración del software y protocolos de la VPN.

En el servicio BancaNet esta configuración está a cargo de la compañía AhnLab que se encarga de que ambos extremos de la VPN estén configuradas y con comunicación, en ocasiones esta comunicación no se logra por lo que es necesario reiniciar el sistema.

En el modelo propuesto el software del equipo Cisco VPN 3005 se encarga de que exista la comunicación entre las redes de la corporación, así como entre las computadoras de la intranet.

Configuración de los certificados SSL.

En el servicio BancaNet la compañía AhnLab es la responsable de mantener actualizados y operativos los certificados SSL.

En el modelo propuesto el equipo Cisco VPN 3005 se configura una vez al principio para mantener operativos los certificados SSL.

Acceso a las aplicaciones desde una página Web.

En el servicio BancaNet todas las aplicaciones están concentradas en la página Web de la banca en línea, se debe utilizar el Internet Explorer 2011 9.9 o superior.

En el modelo propuesto VPN con SSL de Cisco IOS proporciona conectividad de acceso remoto desde prácticamente cualquier ubicación que disponga de conexión a Internet con sólo un explorador Web y su cifrado SSL nativo, esto permite a las corporaciones ampliar sus redes empresariales seguras a cualquier usuario autorizado ofreciendo conectividad de acceso remoto a los recursos corporativos desde cualquier equipo con acceso a Internet, en el ámbito de la intranet se puede ejecutar cualquier aplicación ya sea desde computadoras locales o desde el servidor de aplicaciones.

Rendimiento de las conexiones.

En el servicio de BancaNet en el enlace de punto a punto hay una latencia de entre 5 a 10 segundos y en ocasiones en horas pico de oficina se pierde el enlace.

En el modelo propuesto con los equipos Cisco VPN 3005 hay una latencia de entre 3 a 6 segundos incluso en horas pico de oficina.

Costos.

En el servicio BancaNet la corporación debe tener contratos con la compañía AhnLab para mantener actualizados y operativos los protocolos de la VPN y los certificados SSL, estos contratos son de costos altos y se cobra al usuario por el uso del servicio 150 pesos al mes.

En el modelo propuesto con los equipos Cisco VPN 3005 se hace una inversión en el equipo de 1,100 pesos para un router Cisco 2600 y otra inversión de 2,200 pesos para el equipo Cisco VPN 3005, con estas dos inversiones se tiene asegurada la seguridad en nuestra corporación por al menos 1 año de vida operativa, que es el periodo de garantía que se da a los equipos.

5 Conclusiones.

En el aspecto de seguridad en las telecomunicaciones se eligió el protocolo de capa de conexión segura o SSL [3] sobre el protocolo de autenticación de redes de computadoras o Kerberos, hablar de este tema es hablar de cuales serían las ventajas y desventajas de una clave privada, un sistema de autenticación de confianza de terceros frente a una clave pública, un sistema de autenticación basada en certificados; SSL tiene dos grandes ventajas sobre Kerberos, y estas son que no requiere de un acceso de terceros de confianza y que se puede utilizar para establecer una conexión segura incluso cuando uno de los extremos de la conexión no tiene un password, estas dos ventajas hace que sea ideal para la comunicación Web segura y para las aplicaciones similares en donde hay una gran base de usuarios que no se conoce de antemano. La dupla VPN [4] SSL ha demostrado ser confiable hasta el momento en las diversas aplicaciones del mercado incluyendo servicios bancarios por Internet, lo que le da buena fama, la única desventaja de nuestra propuesta es que necesita nuestro sistema mucha atención por parte del microprocesador de los equipos VPN SSL involucrados, lo que conlleva a pocos segundos aceptables de latencia; este modelo operativo propuesto puede ser implementado en cualquier corporación teniendo los estándares de seguridad más reconocidos del medio con una inversión de las más bajas que se pueden encontrar. En el funcionamiento operativo se eligió la técnica de los sistemas distribuidos ya que puede proporcionar mayor productividad a los usuarios y mayor eficiencia de red.

Reconocimientos. Queremos agradecer a los revisores de este artículo por sus comentarios pertinentes y a la Universidad de Guadalajara por el soporte material y técnico en el desarrollo de esta investigación.

6 Referencias bibliográficas.

[1] Cisco, I, 2010, http://www.cisco.com/en/US/prod/collateral/vpndevc/ps5743/ps5749/ps2284/product_data_sheet09186a00801d3b56.html.

[2] VeriSign, S, 2010, http://www.verisign.es/ssl/buy-ssl-certificates/extended-validation-pro-ssl-certificates/index.html.

[3] VeriSign, S, 2010, http://www.verisign.es/ssl/ssl-information-center/index.html.

[4] Cisco, I, 2010, http://www.cisco.com/application/pdf/en/us/guest/netsol/ns171/c649/ccmigration_09186a0080739e7c.pdf.

ASESORANDO GRUPOS DE TALLER DE PROGRAMACIÓN ESTRUCTURADA A TRAVÉS DE FACEBOOK, EN LA UNIVERSIDAD

Lotzy Beatriz Fonseca Chiu
Luis Antonio Medellín Serna
Jorge Lorenzo Vásquez Padilla

Resumen.

El trabajo tiene como finalidad difundir la experiencia de implementar en el aula de clases herramientas alternativas, que nos permitan fortalecer nuestra práctica docente y brindar asesorías a los estudiantes en la materia de Taller de Programación Estructurada, usando las redes sociales como vehículo para lograr la comunicación efectiva entre el profesor y el estudiante. El asesoramiento de algunos de nuestros grupos a través de las redes sociales ha logrado un valor agregado en las materias que impartimos, en el Centro Universitario de Ciencias Exactas e Ingenierías (CUCEI), en el Departamento de Ciencias Computacionales, institución en la que actualmente laboramos. En este documento se mostrarán los resultados de la experiencia de trabajar con grupos creados en la Red Social Facebook para brindar asesorías a estudiantes que cursaron la materia de Taller de Programación Estructurada en el calendario 2011 B, y que generaron un alto grado de satisfacción entre los estudiantes, principales protagonistas de nuestro estudio.

Palabras claves: Redes Sociales, Asesoría, Grupos de Trabajo, Taller de Programación Estructurada, Universidad.

Advising Structured Programming Workshop Groups through Facebook, in College.

Abstract.

The work has as purpose disseminate lessons to implement in the classroom alternative tools that allow us to strengthen our teaching and provide advisory services to students in the course of Structured Programming Workshop, using social networks as a vehicle for communication effective between teacher and student. The advice of some of our groups through social networks has added value in the subjects they teach in the University Center for Science and Engineering (CUCEI) at University of Guadalajara Computer Science Department, institution where we labor currently. The document shows the results of the experience of working with groups created in the Facebook network to provide advice to students who attend that matter 2011 B programming schedule, and generated a high degree of satisfaction among students as major actors of our study.

Keywords: Social Networks, Mentoring, Working Groups, Structured Programming Workshop, University.

1 Introducción.

Las redes sociales permiten la creación y el mantenimiento de relaciones (sean de carácter personal o educativo) a través de plataformas on-line. Cada vez más personas trasladan su identidad a la Red para participar en estas redes sociales. Herramientas como Xing, Myspaces, Facebook o LinkedIn permiten romper la frontera entre mundo virtual y mundo físico, siendo entidades autogestionadas por sus propios participantes. Las potencialidades formativas de estos recursos son enormes. La idea más importante tiene que ver con la Web, que deja de ser un espacio donde leer (recibir datos) para ser un lugar donde poder escribir (crear datos). En cambio, el proceso, y por tanto el aprendizaje, que se produce es completamente diferente: es un aprendizaje activo centrado en la práctica (Tapscott, D., 2007). Y pensando en este aprendizaje activo centrado en la práctica que se potencializa a través de las redes sociales y a la necesidad de asesoría en la materia de Taller de Programación Estructurada que se imparte en nuestro Centro Universitario, es que nace la idea de usar las redes sociales como vehículo para asesor a nuestros alumnos en línea, con horarios más flexibles para ellos y con un ambiente más relajado, lejos de la tensión que puede suponer el ambiente escolar en algunas ocasiones, con todos los recursos que nos pueden ofrecer las redes sociales como son, la posibilidad de publicar: fotos, mensajes, ligas a sitios externos, cuenta con chat y calendario de eventos, además de permitirnos crear grupos. Los grupos se basan en la idea de reunir a miembros que comparten gustos, intereses u objetivos comunes, o simplemente nos sirven para coordinar trabajos o tareas. Pertenecer a un grupo posibilita enviar mensajes a todos los miembros en forma colectiva, escribir o cargar imágenes, opinar en foros, etc. (Prato, 2010). Los grupos fueron de las herramientas de las redes sociales (en este caso usamos la Red Social Facebook), que mejor se adaptaron a nuestras necesidades, para brindar asesoría a nuestros estudiantes, debido a las características mencionadas anteriormente.

2 Referentes teóricos.

¿Qué son las redes sociales? Una Red Social es un conjunto formado por actores (personas, organizaciones u otras entidades) conectados entre sí por uno o varios tipos de relaciones, tales como la amistad, el parentesco, los intereses comunes, los intercambios comerciales. Los servicios de Red Social son aplicaciones basadas en Web inicialmente destinadas a construir o reflejar las relaciones sociales entre personas; actualmente, también reflejan nuestra pertenencia a empresas y grupos, y nuestras aficiones. El conjunto de estos sistemas recibe el nombre de redes sociales, y forman ya parte del quehacer diario de cualquier internauta, e incluso de muchos usuarios de telefonía móvil avanzada (Redondo, 2010). Según la temática que traten, podemos hablar de redes sociales horizontales o genéricas, como Facebook, y verticales o especializadas en un tema concreto, como las redes profesionales LinkedIn o Xing. Otra clasificación distingue entre redes centradas en el usuario, como Facebook o Twitter, y redes centradas en Objetos, como YouTube o Flickr, donde lo que importa es el material que se comparte (Aced, 2010).

¿Qué es Facebook? Facebook es la red de las redes, la red más grande del mundo, que cambia para siempre el modo de relacionarnos y entretenernos. Se trata de un espacio Web gratuito creado inicialmente para la comunicación social de los estudiantes de Harvard, que ha logrado expandirse por todo el mundo. Los usuarios pueden acceder a esta red registrándose, y deben tener una cuenta de correo electrónico. El inventor y creador es Mark Zuckerberg, un estudiante de la Universidad de Harvard (Llavina, 2010). ¿Por qué a través de Facebook? En Jalisco, 83% de usuarios de Facebook son jóvenes. Para los jóvenes, las redes sociales se han convertido en parte de su vida cotidiana. De acuerdo a la encuesta de The Competitive Intelligence Unit (CIU, firma de consultoría e investigación de mercado de alcance regional sobre comunicaciones, infraestructura y tecnología), en México 90% de usuarios de Internet menores de 30 años utiliza Facebook, Twitter, HI5 o Myspace. Y en Jalisco, tan sólo del millón 407 mil 700 usuarios de Facebook, 83% es menor de 30 años (E. Barrera, 2011). Las estadísticas mencionadas anteriormente nos indican que las redes sociales son del agrado de los jóvenes, que son nuestro público objetivo, debido a esto se decide utilizar Facebook como herramienta principal, para poder ofrecer asesorías sobre la materia de Taller de Programación Estructurada.

¿Qué es la asesoría académica? Son consultas que brinda un profesor (asesor), fuera de lo que considera su tiempo docente para resolver dudas o preguntas sobre temas específicos que domina, ya sea a un alumno o a un grupo de alumnos (Pineda, 2011). Es evidente que la atención se centra en inquietudes del estudiante. Está asesoría personalizada se da en una relación de ayuda profesor- estudiante con el fin de orientarlo en su formación académica, profesional y humana.

3 Objetivos y preguntas de investigación.

El objetivo de la investigación es valorar como las asesorías pueden ayudar al alumno a mejorar la comprensión de los temas visto en clase, así como apoyar en la resolución de dudas, fomentando el trabajo colaborativo para alcanzar competencias en un ambiente abierto, en un aprendizaje de igual a igual. **Es un estudio de investigación cualitativa y basada en la óptica del estudiante.** Las preguntas que se les pueden hacer a los estudiantes como actores principales de este estudio, para la materia de Taller de Programación Estructurada, son:

1.- La participación en el grupo del Facebook, te resolvió dudas sobre la materia de Taller de Programación Estructurada.
a) siempre b) casi siempre c) algunas veces d) muy pocas veces e) nunca

2.- ¿Consideras que tu participación en el Facebook fue?
a) excelente b) muy buena c) buena d) mala e) regular

3.- La resolución de tus dudas a través de Facebook fue por parte de:
a) profesor b) otro compañero

4.- ¿Cantidad de ocasiones que participaste en el Facebook?
R=

5.- La participación que tuviste en Facebook fue para:
a) resolver dudas b) resolver las dudas de otro compañero c) consultar avisos importantes sobre la clase d) otras (menciónalas).

4 Participantes.

Los participantes en este estudio son estudiantes universitarios de la materia de Taller de Programación Estructurada, del ciclo escolar 2011 B.

5 Contexto.

La materia de Taller de Programación Estructurada es una materia de un alto grado de complejidad para los alumnos del Centro Universitario de Ciencias Exactas e Ingenierías, de la Universidad de Guadalajara, esto se debe principalmente a que el alumno requiere desarrollar su lógica matemática y lógica de programación para resolver problemas del mundo real, y esto a través de un lenguaje de programación. Alrededor de 1200 alumnos cursan dicha materia cada semestre y la materia es impartida por alrededor de 35 maestros. La idea de implementar asesorías a través de Facebook parte de la necesidad de implementar medidas que mejoraran la comprensión general de los estudiantes en los temas del programa de estudios de la materia de Taller de Programación Estructurada, materia que impartimos en el Centro Universitario. El auge que están teniendo las redes sociales entre los jóvenes nos da la pauta para utilizar a Facebook como una herramienta, para implementarla en el asesoramiento de los alumnos, ya que los alumnos la utilizan como una forma de socializar y divertirse. Entonces ¿Por qué no utilizar esta herramienta para la educación?

6 Metodología de desarrollo.

Lo primero sería, hacer un sondeo en los grupos para ver, **¿quiénes contaban ya con un registro en Facebook?,** de esta forma sabríamos que aceptación podría tener la herramienta de antemano, en general, en la experiencia en la materia de Taller de Programación Estructurada, de los 82 alumnos agendados en las cuatro secciones, en las que se utilizó la herramienta en el Centro Universitario, en el calendario 2011 B, 81 contaban con su registro en Facebook.

Como segundo punto, **¿Cómo se implementaría?** en la materia de Taller de Programación Estructurada, se abriría un grupo para cada sección de la materia en Facebook. Los alumnos enviarían una solicitud de amistad al Facebook de su profesor, y el profesor se encargaría de agregarlos al grupo correspondiente, teniendo los grupos completos se empezaría con el encuadre del trabajo en Facebook, después se empezaría lanzando ejercicios para su resolución, un ejercicio por tema, y por semana. Así como con la resolución de dudas y avisos. **¿Cuáles serían las reglas de participación?** en la materia de Taller de Programación Estructurada, las reglas eran simples, el "me gusta" no era una participación, una participación tendría que ser una pregunta sobre alguna duda sobre el tema de la semana en turno, la resolución de alguna duda de otro compañero, o la resolución de algún ejercicio. **¿Cuál sería la motivación para fomentar la participación?,** en la materia de Taller de Programación Estructurada la motivación sería, que las participaciones contarán como una práctica desarrollada en clase de laboratorio.

7 Ventajas de las asesorías a través de Facebook desde el punto de vista del profesor.

En la materia de Taller de Programación Estructurada el maestro observó las siguientes ventajas:

- Fomentar el estudio fuera del horario convencional de la materia.
- Fomentar la colaboración y el trabajo en equipo para desarrollar competencias.

8 Ventajas de las asesorías a través de Facebook desde el punto de vista del alumno.

Platicando con los alumnos sobre la experiencia de participar en Facebook para la resolución de dudas propias y de otros compañeros, ellos detectaron las siguientes ventajas de esta experiencia:

1.-Estudiaban fuera del horario de clase.
2.-Practicaban más.
3.-Entendían algún punto de algún tema que no les quedó muy claro en clase.

9 Detectando los tipos de intervenciones por parte de los participantes en Facebook.

Estudiando las participaciones en Facebook, de los que participamos en la experiencia podemos obtener los siguientes tipos de intervención para la materia de Taller de Programación Estructurada:

1.-   Los participantes agregaron al grupo a otros participantes.
2.-   Los participantes publicaron sus dudas y solucionaron las dudas de otros, sobre la materia de Taller de Programación Estructurada en la herramienta Facebook.
3.-   Los participantes propusieron ejercicios.
4.-   Los participantes debatieron sobre los posibles resultados de los ejercicios.
5.-   Los participantes publicaron avisos de interés sobre la materia.
6.-   Los participantes publicaron ligas adicionales de consulta para estudiar sobre la materia.

10 Resultados obtenidos.

Mencionar la participación copiosa de los estudiantes, como un resultado importante del estudio, ya que en las primeras 3 semanas de clases, en la materia de Taller de Programación Estructurada se obtuvo una participación de 500 mensajes, producto de la participación de los 82 alumnos registrados en el calendario 2011 B, y de los diversos tipos de intervenciones mencionados anteriormente. La colaboración en la construcción del conocimiento propio y ajeno de los participantes es un logro interesante, ya que generalmente los estudiantes en las clases presenciales, suelen ayudar solo a sus conocidos y amigos, y no a otros compañeros que forman parte del grupo, a través de las participaciones en Facebook se pudo constatar que se ayudaron en general, incluidos compañeros que no eran parte de los pequeños grupos de amigos que se forman en un grupo. El que los participantes se involucraran en la construcción de su propio conocimiento y propusieran incluso referencias a sitios externos, resultados de sus investigaciones, habla del interés por aprender y compartir esa información.

De la misma forma que inicio está experiencia fue como concluyo al menos en el semestre 2011 B, el sondeo de la encuesta final fue contestado por Facebook. A continuación las preguntas realizadas a los alumnos que compartieron la experiencia de asesorías a través de Facebook de la materia de Taller de Programación Estructurada y la imagen de sus respuestas.

1.-   La participación en el grupo del Facebook, te resolvió dudas sobre la materia de Taller de Programación Estructurada.
      a) siempre b) casi siempre c) algunas veces d) muy pocas veces e) nunca

2.-   ¿Consideras que tu participación en el Facebook fue?
      a) excelente b) muy buena c) buena d) mala e) regular

3.-   La resolución de tus dudas a través de Facebook fue por parte de:
a) profesor b) otro compañero

4.-   ¿Cantidad de ocasiones que participaste en el Facebook?
      R=

5.-   La participación que tuviste en Facebook fue para:
a) resolver dudas b) resolver las dudas de otro compañero
c) consultar avisos importantes sobre la clase d) otras
(menciónalas).

Isma Aviña   8 de diciembre de 2011

Ismael Aviña Ceballos Seccion D-43
1.-La participación en el grupo del facebook, te resolvio dudas sobre la
materia de Taller de Programación Estructurada.
CASI SIEMPRE
2.-Consideras que tu participación en el facebook fue?
EXCELENTE
3.-La resolución de tus dudas a través del facebook fue por parte de:
PROFESOR y OTROS COMPAÑEROS
4.-Cantidad de ocasiones que participaste en el facebook?
PARTICIPE UNAS 30 VECES DURANTE EL SEMESTRE
5.-La participación que tuviste en facebook fue para:
RESOLVER LAS DUDAS DE OTRO COMPAÑERO, CONSULTAR AVISOS
IMPORTANTES SOBRE LA CLASE

11 Conclusión.

Las redes sociales están cambiando la forma como nos comunicamos, nos relacionamos, nos divertimos y en este caso, la forma como aprendemos. Unas de las tareas más importantes de los educadores de nuestros tiempos se alcanzaron con el uso de los grupos de asesorías creados en Facebook, para la materia de Taller de Programación Estructurada. Entre las tareas que podemos mencionar que se alcanzaron con el uso de los grupos de asesorías están: extender y ampliar la participación en nuevos medios de comunicación y crear comunidades en línea que propicien el aprendizaje significativo entre los estudiantes, se les ofreció a los estudiantes el asesoramiento que necesitaban, al mismo tiempo que les permitió generar competencias tecnológicas propias de la materia, usando estos medios novedosos como vehículo, y no solo quedo en esto, sino que al mismo tiempo fomentamos valores, como el respeto, la tolerancia, la comunicación efectiva y afectiva, el debate civilizado y organizado, la colaboración para construir conocimiento, como medios de superación propios y comunitarios. Agradecemos a los participantes de la experiencia, en este caso, los estudiantes, por su participación.

12 Referencias bibliográficas.

[1] Aced, Cristina. (2010). Redes sociales en una semana. Gestión 2000. Barcelona, pp. 7.

[2] E. Barrera. (2011). En Jalisco, 83% de usuarios de Facebook son jóvenes. El informador, 08 de febrero del 2011 recuperado desde   la   dirección   http://www.informador.com.mx/ jalisco/2011/269482/6/en-jalisco-83-de-usuarios-de-facebook-son-jovenes.htm el 01 de febrero del 2012.

[3] Llavina, Xantal. (2010). Facebook. Mejore sus relaciones conociendo la Red Social que conecta al mundo. Profit Editorial: España.

[4] Pineda Báez. (2011). Persistencia y graduación. Hacia un modelo de retención estudiantil para Instituciones de Educación Superior. Coordinación editorial: Oficina Publicaciones, Universidad de la Sabana.

[5] Prato, Laura Beatriz. (2010). Web 2.0: Redes sociales. Villa María: Eduvim, pp. 50.

[6] Redondo, José Antonio Martín. (2010). Socialnets. La insospechada fuerza de unas aplicaciones que están cambiando nuestras vidas y nuestros trabajos. Península Editorial: Barcelona, pp. 13.

[7] Tapscott, D., Williams, A.D. (2007). Wikinomics. La economía de las multitudes inteligentes. Barcelona. Paidós.

CREANDO MAPAS MENTALES MULTIMEDIA CON PREZI PARA CAPACITAR EN CIENCIAS COMPUTACIONALES

Lotzy Beatriz Fonseca Chiu
Luis Antonio Medellín Serna
María Elena Romero Gastelú

Resumen.

El trabajo tiene como finalidad difundir la experiencia de implementar en el aula de clases herramientas alternativas, que nos permiten fortalecer nuestra práctica docente, y difundir el conocimiento. Mediante la creación de Mapas Mentales multimedia con el uso de la herramienta Prezi con la finalidad de mejorar la comprensión del tema de Ingeniería Web en la materia de Tópicos Selectos de Informática I Comercio Electrónico y el tema de edición de vídeo de la materia de Programación de Sistemas Multimedia, materias que se imparten, en el Centro Universitario de Ciencias Exactas e Ingenierías (CUCEI), Departamento de Ciencias Computacionales, institución en la que actualmente laboramos. En este documento se mostrarán los resultados de la experiencia de trabajar con Mapas Mentales multimedia, utilizados como herramientas didácticas, con el principal objetivo de lograr el acompañamiento de los alumnos, en su proceso de enseñanza-aprendizaje. Proceso que ha tenido una tendencia positiva, obteniendo un alto grado de satisfacción.

Palabras claves: Mapas Mentales, Multimedia, Prezi, Ciencias Computacionales.

1 Introducción.

La gran cantidad de información disponible, el poco tiempo para trabajarla y las exigencias académicas enfocadas con una metodología de apuntes tradicional nos lleva a la determinación de tomar conciencia de la necesidad de un cambio hacia una forma de aprender más creativa, estimulante y motivadora. El uso y combinación de varias habilidades (uso de color y la palabra, por ejemplo) permite al cerebro funcionar con mayor eficiencia en el aprendizaje (Buzan, 2010). Los Mapas Mentales han logrado tal difusión, como motivo de su utilización para preparar al personal de grandes empresas, que se ha considerado un método revolucionario de análisis que posibilita la utilización de las capacidades de la mente (Ontoria, 2006). Y pensando en esto es que surge la idea de implementar el uso de Mapas Mentales en el aula de clases, en beneficio de nuestros estudiantes, y con la finalidad de que se comprendieran mejor los conceptos de un tema en particular de una asignatura. Pero, encontrándonos en el área de ciencias computacionales, ¿Qué herramienta nos ayudaría a incluir las TIC's en este proceso?. Usando software para crear Mapas Mentales, encontramos a Prezi, herramienta que nos permite el trabajo colaborativo, es decir, muchas personas pueden contribuir a la creación de un Mapa Mental, podemos incluir multimedia, vídeos e imágenes, muy fácil de usar, y lo mejor, con la posibilidad de publicarlo en la Web y compartirlo.

2 Planteamiento del problema.

Comúnmente nos encontramos impartiendo materias, que requieren el manejo de múltiples conceptos teóricos. Generalmente estos conceptos teóricos son difíciles de transmitir entre nuestros estudiantes, y esto debido a que, les resulta a los estudiantes aburrido, estar escuchando a un profesor, citar y citar conceptos, ya sea a través de diapositivas, o incluso a través de documentos impresos. Y es aquí, en este preciso instante, donde empieza a surgir las alternativas didácticas que el profesor puede utilizar para combatir el efecto aburrimiento, que pudiera surgir en el estudiante. ¿Cómo podemos hacer que el estudiante preste atención a los conceptos e ideas importantes de un documento impreso?, ¿Cómo podemos asegurarnos de que entendió los conceptos e ideas?. Y así, surge la idea de crear

Mapas Mentales, pero, que usen la tecnología, Internet y herramientas como vídeos e imágenes para presentar las ideas importantes de un documento, de esta forma nos aseguramos de que el alumno comprendió las ideas importantes y no solo eso, sino que las representó a través de texto, imágenes y vídeo.

3 Referentes teóricos.

¿Qué es un Mapa Mental? El Mapa Mental representa una jerarquía temporal y arbitraria de vínculos entre diferentes datos, según una arquitectura arbórea cuyo objetivo es estructurar y/o hacer emerger información. Pertenece a la familia de herramientas que sirven para visualizar información. Por tanto, permite a su usuario concentrarse en detalles concretos conservando una visión global. Favorece la comprensión casi instantánea de situaciones complejas. Su elaboración no requiere más que una hoja de papel y un lápiz.

Pero existen herramientas, que nos ayudan a su elaboración, como programas informáticos.

¿Por qué utilizar Mapas Mentales como apoyo al aprendizaje? Los Mapas Mentales nos ayudan a utilizar recursos que son funciones del hemisferio derecho de nuestro cerebro, como la creatividad, la visión global, la analogía, la especialización de la información. Sin embargo, el Mapa Mental no se reduce solo a esos recursos, ya que por otra parte funciona con el lenguaje, el orden, la racionalidad, la lógica, y otras funciones que se considera dependen del hemisferio izquierdo.

El mapa es una de las pocas herramientas que combinan la utilización simultánea de nuestros dos hemisferios en perfecta sinergia.

¿Qué es Prezi? Prezi se describe como una herramienta de narración digital (Diamond, 2010).

Prezi es una aplicación basada en Flash. En Prezi podemos crear presentaciones con las ideas principales que queremos exponer sobre algún tema, con la opción de agregar texto, imágenes, vídeo y animaciones Flash. Permite que cualquier persona diagrame una idea, creando espectaculares presentaciones no lineales con conexiones entre diferentes presentaciones, zoom en los detalles, y un ajuste del tiempo sin la necesidad de omitir diapositivas (López, 2011).

Es ideal para desarrollar Mapas Mentales con las ideas más importantes de algún tema.

Las presentaciones pueden crearse en línea desde el sitio www. prezi.com con la posibilidad de publicarlas en Internet, o descargar las presentaciones para su posterior presentación.

¿Qué es multimedia? La multimedia moderna se define como el desarrollo, integración y la entrega de cualquier combinación de texto, gráficos, animación, sonido o vídeo a través de una computadora (Savage, 2010).

4 Objetivos y preguntas de investigación.

El objetivo principal de la investigación emprendida es valorar cómo la lectura de un documento de apoyo y la creación de Mapas Mentales multimedia desarrollados en base al documento de apoyo, pueden ayudar al estudiante a comprender, identificar y retener las ideas principales de temas importantes para las materias de Tópicos Selectos de Informática I Comercio Electrónico y Programación de Sistemas Multimedia. **Es un estudio de investigación cualitativa y basada en la óptica del estudiante.**

Las preguntas que se les pueden hacer a los estudiantes como actores principales del estudio son:

1.-   **¿Consideras que el documento de apoyo de Word contenía información referente a la Ingeniería Web de forma?.**
       a) excelente b) muy buena c) buena d) mala e) regular
2.-   **¿Consideras que Prezi permite crear Mapas Mentales de forma?.**
       a) excelente b) muybuena c) buena d) mala e) regular
3.-   **¿Qué otro uso le otorgarías a Prezi?.**
       R=

4.-   ¿El Mapa Mental desarrollado con Prezi te ayudó a comprender el tema de Ingeniería Web (tema de Edición de Vídeo) de forma?.
a) excelente b) muy buena c) buena d) mala e) regular

5 Participantes.

Los participantes en este estudio son estudiantes universitarios, jóvenes cuyas edades son de 22-26 años de las materias de Tópicos Selectos de Informática I Comercio Electrónico y Programación de Sistemas Multimedia del calendario 2012 A.

6 Metodología.

La metodología elegida es un proceso de investigación-acción en que principalmente el alumno interactúa con la herramienta Prezi de forma individual, creando el Mapa Mental en base a un documento de apoyo proporcionado por su profesor. Las evidencias son recopiladas a través de un cuestionario y el resultado final será un Mapa Mental Prezi, publicado en Internet por los participantes en el estudio.

7 Justificación del uso de los Mapas Mentales, combinados con Internet y la herramienta Prezi.

Los Mapas Mentales consideramos que eran la solución perfecta, el alumno podría obtener conocimiento significativo de los documentos proporcionados por el profesor, y de una forma más transparente, la transferencia de la información sería a través de medios que los estudiantes de la llamada generación de nativos digitales cotidianamente usan Internet, combinado con la herramienta Prezi que ofrece los beneficios de incorporar imágenes, texto y vídeo. Esta nueva generación se siente cómoda en el nuevo entorno de aprendizaje colaborativo y basado en la tecnología (Malita y Boffo, 2010). Esta es una razón importante por la cual decidimos usar la herramienta Prezi. Otra razón importante es que en nuestras aulas de clase contamos con alumnos que aprenden de diferentes formas, esto es, tienen su estilo de aprendizaje, algunos aprendices son más visuales, otros más auditivos y por último mencionar a los kinestésicos. Entonces, ¿Por qué no adaptarnos a los diferentes estilos de aprendizaje? A través de actividades que encajan y abarcan los diferentes estilos. Esto sería posible usando los Mapas Mentales combinados con el uso de la herramienta Prezi e Internet.

8 Proceso de desarrollo.

En horario de clase se les proporcionó el documento de apoyo a los estudiantes, para que procedieran a su lectura, los alumnos elaboraron un resumen de los conceptos e ideas más importantes del documento, ingresaron a www.prezi.com, se registraron y desarrollaron su Mapa Mental usando las herramientas que Prezi proporciona, los estudiantes utilizaron imágenes, vídeos, links o ligas externas con información adicional y trazaron la navegación del contenido de los Mapas Mentales, además de añadir efectos multimedia.

9 Un vistazo en imágenes de los Mapas Mentales multimedia desarrollados.

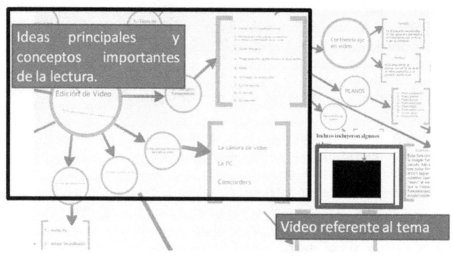

**Imagen 1. Mapa Mental tema: Edición de Vídeo.
Programación de Sistemas Multimedia.**

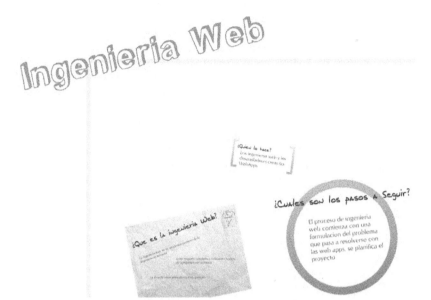

Imagen 2. Mapa Mental tema: Ingeniería Web. Tópicos Selectos de Informática I Comercio Electrónico.

Ligas de consulta de Mapas Mentales creados por los estudiantes y publicados en Internet.

Ejemplo 1: http://prezi.com/mllql-g7326q/edicion-de-video/
Ejemplo 2: http://prezi.com/hnzbk9yih5w6/edicion-de-video/
Ejemplo 3: http://prezi.com/a7xxcowecavw/cc420-ingenieria-web/
Ejemplo 4: http://prezi.com/t3ngjn0p5htl/ingenieria-web/
Ejemplo 5: http://prezi.com/6aiye2c0o5bb/ingenieria-web/
Ejemplo 6: http://prezi.com/c-e0eqbfvgll/ingenieria-web/

10 Resultados.

Resultados de las preguntas que contestaron los estudiantes como actores principales del estudio:

1.-   **¿Consideras que el documento de apoyo de Word contenía información referente a la (Ingeniería Web o Edición de Vídeo) de forma?**
a) excelente b) muy buena c) buena d) mala e) regular

Pregunta 1	
Excelente	14
Muy Buena	17
Buena	3
Regular	0
Mala	0
Cantidad de alumnos	34

2- ¿Consideras que Prezi permite crear Mapas Mentales de forma?

a) excelente b) muy buena c) buena d) mala e) regular

Pregunta 2	
Excelente	13
Muy Buena	16
Buena	3
Regular	2
Mala	0
Cantidad de alumnos	34

3- ¿Qué otro uso le otorgarías a Prezi?.

R= En su mayoría pensó que les ayudaría en la creación de esquemas y presentaciones, y lo consideraron una forma divertida y dinámica de presentar información.

4.- ¿El Mapa Mental desarrollado con Prezi te ayudó a comprender el tema (Ingeniería Web o Edición de Vídeo) de forma?.

a) excelente b) muy buena c) buena d) mala e) regular

Pregunta 4	
Excelente	9
Muy Buena	18
Buena	6
Regular	1
Mala	0
Cantidad de alumnos	34

34 alumnos de las materias de **Programación de Sistemas Multimedia y Tópicos Selectos de Informática I Comercio Electrónico** contestaron las preguntas en el calendario 2012 A, obteniendo un alto grado de satisfacción.

11 Conclusión.

La creación de Mapas Mentales multimedia ayudó a los estudiantes a comprender de una forma muy buena los temas del material de apoyo proporcionado por el profesor y contenían información muy buena sobre los temas de acuerdo a los resultados mostrados anteriormente en las tablas.

Los Mapas Mentales multimedia creados con la herramienta Prezi y publicados en Internet, resultaron ser del agrado de los jóvenes universitarios e incluso le encontraron otros usos a la herramienta Prezi, en su mayoría pensó que les ayudaría en la creación de esquemas, y presentaciones, y lo consideraron una forma divertida y dinámica de presentar información.

12 Referencias bibliográficas.

[1] Buzan, Tony. (2010). Use Your Head, BBC Active.

[2] Deladriére, Jean. (2006). Organiza tus ideas utilizando Mapas Mentales (pp. 39-20). Barcelona: Gestión 2000.

[3] López, Abad José. (2011, 23 Julio). "Prezi: Una forma diferente de crear presentaciones", [en línea]. Disponible en la Web: http://es.scribd.com/doc/30463011/PREZI.

[4] Malita, Laura; Boffo, Vanna. (2010). Digital Storytelling for employability. Firenze University Press.

[5] Ontoria, Antonio. (2006). Aprender con Mapas Mentales, una estrategia para pensar y estudiar (pp. 34). Madrid España: Narcea, S.A. DE EDICIONES.

[6] Savage, M. (2010). An Introduction to Digital Multimedia. Jones and Bartlett Publishers.

[7] Stephanie, Diamond. (2010). Prezi For Dummies. Wiley Publishing, Inc.

PUBLICANDO OBJETOS DE APRENDIZAJE EN MOODLE PARA CAPACITAR EN CIENCIAS COMPUTACIONALES ENTRE UNIVERSITARIOS

Lotzy Beatriz Fonseca Chiu

Resumen.

El trabajo tiene como finalidad difundir la experiencia de implementar en el aula de clases herramientas alternativas, que nos permitan fortalecer nuestra práctica docente, publicando Objetos de Aprendizaje en nuestro Centro Universitario en la plataforma oficial del mismo, Moodle ha logrado que los estudiantes cuenten con herramientas que les permiten avanzar en su proceso de enseñanza aprendizaje a su ritmo, volviéndose protagonistas de su propio aprendizaje, además de lograr una mejor comunicación con su profesor a través de la tecnología. Los Objetos de Aprendizaje han logrado un valor agregado en la materia que imparto, en el Centro Universitario de Ciencias Exactas e Ingenierías (CUCEI), en el Departamento de Ciencias Computacionales, institución en la que actualmente laboro. En este documento se mostrarán los resultados de la experiencia de trabajar con Objetos de Aprendizaje para brindar herramientas multimedia a los estudiantes de la materia de Tópicos Selectos de Informática I (Comercio Electrónico) en el calendario 2012 A, y que generaron un alto grado de satisfacción entre los estudiantes, principales protagonistas del estudio.

Palabras claves: Objetos de Aprendizaje, Moodle, Tópicos Selectos de Informática I, Universidad.

Publishing Learning Objects in Moodle for training in Computer Science from University.

Abstract.

The paper aims to disseminate lessons to implement in the classroom alternative tools that allow us to strengthen our teaching, publishing learning objects in our University on the platform of the institution achieved Moodle students with tools that allow them to advance their teaching-learning process at their own pace, becoming protagonists of their own learning, as well as better communication with their teacher through technology. Learning Objects have been added value in the subject I teach, in the University Center for Science and Engineering (CUCEI) at University of Guadalajara Computer Science Department, institution where I work now. This document will show the results of the experience of working with Learning Objects to provide multimedia tools to students in the field of Computer Selected Topics (Electronic Commerce) in calendar 2012 A, and generated a high degree of satisfaction among students as major actors of the study.

Keywords: Learning Objects, Moodle, Computer Selected Topics, University.

1 Introducción.

Un Objeto de Aprendizaje se define como cualquier recurso digital que puede ser reutilizado para soportar el aprendizaje. Son recursos digitales con fines educativos (Wiley, 2002). Polsani (2003) los define como una unidad de aprendizaje independiente y autocontenida que será predispuesta a ser reutilizada en múltiples contextos instruccionales. Para el caso de esta experiencia los Objetos de Aprendizaje se publicaron en la plataforma oficial Moodle del Centro Universitario de Ciencias Exactas e Ingenierías (CUCEI) de la Universidad de Guadalajara, con el fin de generar herramientas que permitieran el acompañamiento de los estudiantes en su proceso de enseñanza aprendizaje en la materia de Tópicos Selectos de Informática I que se imparte en el Centro Universitario, como una materia optativa.

2 Referentes teóricos.

¿Qué es un Objeto de Aprendizaje? L'Allier (1997) define al Objeto de Aprendizaje como la experiencia estructural independiente más pequeña, que contiene un objetivo, una actividad de aprendizaje y una valoración que permita determinar si se ha alcanzado el objetivo propuesto.

¿Qué es Moodle? Es un LMS que se diseña a partir de una teoría del aprendizaje que se sustenta en el denominado "constructivismo social". Para esta teoría, el aprendizaje no es un proceso pasivo ni exclusivamente interno, es un proceso en el que la cultura y el contexto son elementos muy importantes para la comprensión y el desarrollo de aprendizajes profundos (Muñoz, 2009 pp. 157).

3 Objetivos y preguntas de investigación.

El objetivo de la investigación es valorar como los Objetos de Aprendizaje pueden apoyar al estudiante en su proceso de Enseñanza –Aprendizaje, y como estos Objetos de Aprendizaje, pueden ayudarlos incluso a construir aprendizajes propios. **Es un estudio de investigación cualitativa y basada en la óptica del estudiante.** Las preguntas que se les pueden hacer a los estudiantes en la materia de Tópicos Selectos de Informática I como actores principales de este estudio son:

1.- Los Objetos de Aprendizajes publicados en Moodle, consideras que te ayudaron para adquirir la competencia de desarrollar una página Web.
    a) siempre b) casi siempre c) algunas veces d) muy pocas veces e) nunca.
2.- Consideras que los Objetos de Aprendizaje te ayudaron a entender cómo se construye una página Web, de forma.
    a) excelente b) muy buena c) buena d) mala e) regular
3.- ¿Consideras los vídeos contenidos en los Objetos de Aprendizaje es una forma de estudio?
    a) excelente b) muy buena c) buena d) mala e) regular

4 Participantes.

Los participantes en la experiencia son 30 jóvenes universitarios cuyas edades van de los 22 a 27 años que registraron la materia de Tópicos Selectos de Informática I calendario 2012 A, estudiantes de últimos semestres de las carreras de Ingeniería en Computación y Licenciatura en Informática.

5 Contexto.

La materia de Tópicos Selectos de Informática I no cuenta con laboratorio de cómputo, esto debido a que es una materia teórica, pero que actualmente el profesor la combina con la práctica y esto gracias a los Objetos de Aprendizaje que el profesor publica en la plataforma oficial Moodle de su Centro Universitario. Los Objetos de Aprendizaje cuentan entre su contenido con vídeos instruccionales esto es, prácticas paso a paso que los estudiantes pueden seguir, además de contar con una práctica sugerida que los estudiantes deben desarrollar y que quedará de evidencia de que alcanzaron las competencias que el Objeto de Aprendizaje y el programa de estudios de la materia requiere.

6 Metodología de desarrollo.

Las instrucciones de, cómo desarrollarían el Objeto de Aprendizaje, lo comentó su profesor a sus alumnos en horario de clase. Y se acordó que sería de la siguiente forma:

1.- Seguir el Objeto de Aprendizaje paso a paso, en la liga en Moodle llamada "Objeto de Aprendizaje", que aparecería en la materia.

2.- Desarrollar la práctica sugerida que aparecería al final del Objeto de Aprendizaje y subirla a la liga en Moodle llamada "Práctica sugerida".

3.- Por último contestar las preguntas que se encontraban al final del Objeto de Aprendizaje y subir a Moodle en una liga llamada "Respuestas", las respuestas en un documento de Word con fotografía de cada alumno desarrollando su Objeto de Aprendizaje.

El tiempo para desarrollar el Objeto de Aprendizaje fue de 1 semana. El profesor publicó las instrucciones en la plataforma Moodle.

7 Proceso de desarrollo del Objeto de Aprendizaje.

El profesor diseñó los Objetos de Aprendizaje de acuerdo a la siguiente metodología: Los Objetos de Aprendizaje deben centrarse en dos niveles: su accesibilidad e interoperatividad tecnológica y la capacidad de ser reutilizados (García, 2007).

Los elementos que estructuran los Objetos de Aprendizaje son:

- Los objetivos.
- Los contenidos (temas a tratar).
- Explicación-aplicación (¿Cómo se abordan los contenidos? y ¿Cuáles son las actividades y tareas a realizar?).
- Autoevaluación (Es aquí donde cada estudiante podrá constatar lo significativo del proceso que le haya redundado en un aprendizaje que se plantea construir) (Martínez, 2009).

El profesor desarrolló el Objeto de Aprendizaje con Microsoft LCDS, y los vídeos instruccionales con Adobe Captivate, algunos apuntes con PowerPoint importándolos a Adobe Captivate, y los subió al Objeto de Aprendizaje en Moodle como "Desplegar Paquete de contenidos IMS". Publicó las instrucciones para el desarrollo del Objeto de Aprendizaje y las ligas correspondientes para que el alumno completara la actividad.

8 Ventajas del Objeto de Aprendizaje desde el punto de vista del alumno.

Las ventajas del Objeto de Aprendizaje desde el punto de vista del estudiante son las siguientes:

1.-Estudiaban fuera del horario de clase.
2.-Practicaban más.

9 Imágenes de los estudiantes desarrollando el Objeto de Aprendizaje.

10 Resultados obtenidos.

En la encuesta se obtuvieron los siguientes resultados:

1.- Los Objetos de Aprendizajes publicados en Moodle, consideras que te ayudaron para adquirir la competencia de desarrollar una página Web.
a) siempre b) casi siempre c) algunas veces d) muy pocas veces e) nunca.

Pregunta 1	
Siempre	18
Casi siempre	10
Algunas veces	2
Muy pocas veces	0
Nunca	0
Cantidad de alumnos	30

2.- Consideras que los Objetos de Aprendizaje te ayudaron a entender como se construye una página Web, de forma.
a) excelente b) muy buena c) buena d) mala e) regular

Pregunta 2	
Excelente	15
Muy buena	14
Buena	1
Regular	0
Mala	0
Cantidad de alumnos	30

3.-   ¿Consideras los vídeos contenidos en los Objetos de Aprendizaje es una forma de estudio?.

a) excelente b) muy buena c) buena d) mala e) regular

Pregunta 3	
Excelente	15
Muy buena	13
Buena	2
Regular	0
Mala	0
Cantidad de alumnos	30

Dentro de los resultados obtenidos podemos mencionar las competencias adquiridas por los estudiantes al desarrollar la práctica sugerida y publicarla en un ambiente de aprendizaje como Moodle como un resultado importante.

Competencias adquiridas con el Objeto de Aprendizaje:

- Comprender la sintaxis del lenguaje HTML, CSS.
- Desarrollar una práctica guiada paso a paso con los vídeos instruccionales contenidos en el Objeto de Aprendizaje.
- Codificar un sitio Web usando HTML Y CSS.
- Al entrar a Internet, adquirió competencias tecnológicas.
- El uso de Moodle le permitió al alumno adquirir conocimientos en el uso de plataformas virtuales de aprendizaje e-learning.

11 Conclusión.

Podemos concluir, que desde la óptica del estudiante, los Objetos de Aprendizaje publicados en Moodle, consideran que les ayudó para adquirir la competencia de desarrollar una página Web siempre, y consideran que los Objetos de Aprendizaje los ayudaron a entender como se construye una página Web de forma excelente, consideran los vídeos contenidos en los Objetos de Aprendizaje como una forma de estudio excelente.

12 Referencias bibliográficas.

[1] García, Aretío. (2007). De la educación a distancia a la educación virtual. Barcelona: Editorial Ariel.

[2] L'Allier, J. (1997). Frame of Reference: NETg's Map to the Products, Their Structure and Core Beliefs. NetG.

[3] Martínez Martínez, Adriana. (2009). Innovación y Competitividad en la Sociedad del Conocimiento. Plaza y Valdés.

[4] Muñoz, Valcárcel. (2009). Experiencias de Innovación Docente Universitaria. Ediciones Universidad, pp. 157.

[5] Polsani, P. (2003). Use and Abuse of Reusable Learning Objects. Journal of Digital Information, 3(4), Article No. 164.

[6] Wiley, D.A. (2002). Connecting Learning Objects to instructional design theory: A definition, a metaphor, and a taxonomy. En Wiley (ed.) The Instructional Use of Learning Objects, pp. 571-577.

WIKIS MÁS E-ACTIVIDADES PARA ENSEÑAR CIENCIAS COMPUTACIONALES EN LA UNIVERSIDAD

Lotzy Beatriz Fonseca Chiu

Resumen.

El trabajo tiene como finalidad difundir la experiencia de implementar herramientas alternativas en el aula de clases, que nos permiten fortalecer nuestra práctica docente, y difundir el conocimiento. Mediante la creación de E-actividades desarrolladas con herramientas de autor y publicadas en una Wiki. El desarrollo de E-actividades de calidad, pensadas para cada materia, ha logrado un valor agregado en las materias que imparto, en el Centro Universitario de Ciencias Exactas e Ingenierías (CUCEI), Departamento de Ciencias Computacionales, institución en la que actualmente laboro. En este documento se mostrarán los resultados de la experiencia de trabajar con Wikis, utilizados como herramientas didácticas y virtuales, con el principal objetivo de lograr el acompañamiento de los alumnos, en su proceso de enseñanza-aprendizaje. Proceso que ha tenido una tendencia positiva, obteniendo un alto grado de satisfacción. Satisfacción que se ha logrado gracias al desarrollo de los contenidos y E-actividades de las Wikis, adaptadas a las necesidades de cada materia.

Palabras claves: Wikis, E-actividades, herramientas de autor.

Wikis more E-activities to teach computer science in College.

Abstract.

The work aims to disseminate the experience of implementing alternative tools that allow us to strengthen our teaching practice, disseminating and socialize knowledge in the classroom. Socializing knowledge with the creation of Wikis, enriching them, with E-activities created and designed with authoring tools, developing video tutorials and quality content designed for each subject, has been a value-added benefit in the subjects I teach in the Center for Science and Engineering (CUCEI). This document shows the results of the experience of working with Wikis, used as didactic and virtual tools with the main goal to be the accompaniment of the students in their teaching-learning process. Progress has been steady, and with a high rate of satisfaction. Satisfaction achieved through the development of content and E-activities for the Wikis, adapted to the needs of each subject.

Keywords: Wikis, E-activities, author tools.

1 Introducción.

Las Wikis son un excelente vehículo para interesar a estudiantes en la búsqueda, difusión y validación de información y conocimientos, así como en las ventajas de la colaboración y trabajo en equipo. Las Wikis soportan casi todas las formas de multimedia, pueden también ser un excelente vehículo para construir comunidades sociales virtuales organizadas en torno a intereses comunes (Mariano L. Bernardez, 2007). Las Wikis se han convertido en medios novedosos para difundir información, así como entablar comunicación con nuestro público objetivo, el estudiante, entonces, ¿Por qué no aprovecharlo a favor de la educación?, utilicemos los medios novedosos para llevar educación, formación y E-actividades a nuestros estudiantes. Las E-actividades publicadas en las Wikis proporcionan un valor agregado.

Una E-actividad es cualquier evento, dentro de un programa de formación, cuya realización exija la participación del estudiante y contribuya a la adquisición de una competencia. Las E-actividades son actividades motivadoras, atractivas y resueltas mediante las cuales se promueve un aprendizaje virtual activo (Gilly Salmon, 2004). Es importante resaltar que las características de las E-actividades y su funcionalidad serán las mismas que las realizadas en contextos presenciales, la única diferencia fundamental son las posibilidades que nos ofrece la red, que nos permite favorecer un contexto interactivo tanto con la información, como entre los diferentes participantes de la acción formativa, profesores y alumnos. Por otra parte, la red permitirá que los estudiantes puedan realizar no sólo actividades de carácter individual sino también grupal y colaborativas, sin olvidarnos de las posibilidades multimedia e hiper-textuales que nos ofrece.

2 Referentes teóricos.

Wikis es un repositorio de páginas Web conectadas a través de hipervínculos cada una de las cuales puede ser visitada y editada por cualquier usuario mediante un navegador.

Es un sistema de creación colectiva que permite que un conjunto de personas construyan de manera colaborativa el conocimiento (Cobo, 2007).

Actividades de aprendizaje son ejercicios o supuestos prácticos que pretenden que el alumno no se limite a memorizar, sino que esté constantemente aplicando los conocimientos con la finalidad de que los convierta en algo operativo y dinámico. Mediante las actividades de aprendizaje se puede ejercitar, afianzar y consolidar lo aprendido, repasar los aspectos más importantes del contenido temático de la materia en cuestión (Lockwood).

E-actividades son las diferentes acciones que los alumnos llevan a cabo en completa relación con los contenidos e informaciones que les han sido ofrecidos. Las actividades son presentadas, realizadas o transferidas a través de la red (Cabero, 2006).

Herramientas de autor permiten una programación basada en íconos, objetos y menús de opciones, que posibilitan al usuario realizar un producto multimedia sin necesidad de escribir una sola línea en un lenguaje de programación. Con las herramientas de autor, el creador de una aplicación se preocupa fundamentalmente de su diseño, de su aspecto, y casi nada de la programación (García, 2005).

3 Contexto.

Las Wikis nacen de la necesidad, la necesidad que observé entre mis estudiantes de repasar los temas vistos en clase, así como de ejercitar lo aprendido en la misma, e indudablemente la necesidad de tener disponibles los apuntes de los temas que se impartían. En base a las necesidades tomé la decisión de socializar el conocimiento de las materias que impartía en ese momento, a través de Wikis, donde el objetivo principal, era difundir entre los alumnos, el material que a través de los años había desarrollado y al mismo tiempo crear actividades que podríamos desarrollar tanto en clase, como fuera del horario de la misma.

4 Propósito de la Wiki.

El objetivo principal de las Wikis era difundir y socializar el conocimiento, usando el material que había desarrollado para las materias que impartía. La intención, desarrollar algo funcional, con contenido de calidad, pensando en E-actividades útiles, que les permitiera a los estudiantes avanzar en su proceso de enseñanza-aprendizaje. Las Wikis resultaron ser, la solución al conflicto personal. Una Wiki tiene muchas ventajas para un profesor, en mi experiencia, puntualizo algunas de las más relevantes: Libre, gratuito, disponible las 24 horas del día – 7 días a la semana, con posibilidades de agregar, contenido multimedia, como son vídeos, podcast y sin mucho esfuerzo, muy flexible ya que admite que el profesor agregue E-actividades desarrolladas para alcanzar los objetivos que el profesor requiera. Publicado en un medio de fácil acceso como es Internet, son pocos los requerimientos necesarios para acceder a su contenido, esto es, un alumno, con una pc, una conexión a Internet es suficiente para aprovechar y disfrutar del contenido. La apariencia es totalmente personalizable.

5 Proceso de desarrollo.

Todo lleva su proceso, la organización del contenido, el diseño de la apariencia la Wiki, el diseño de E-actividades pensadas para abarcar los objetivos y competencias que el alumno debe cubrir de acuerdo al programa de estudio vigente y conforme a la materia correspondiente, el desarrollo de los apuntes, todas esas actividades corren a cargo del profesor, con la independencia, también, como todo en la vida, viene la responsabilidad. Involucra, horas de trabajo extra para mantener una Wiki funcional, pero, como profesor, evitas largas jornadas de consensos, y estoy convencida, que sentó las bases de un material, que será reutilizable y admitirá modificaciones sencillas que permitirán, que el contenido mejore de forma continua en cada ciclo. De forma general, explico el proceso de desarrollo del contenido de la Wiki, para adaptarla, como herramienta didáctica virtual y así apoyar el proceso de enseñanza-aprendizaje de los alumnos.

I.- Reunir algunos apuntes desarrollados con anterioridad, y crear nuevos contenidos, de acuerdo al programa de estudio de la materia impartida y sus necesidades específicas, así, observé la oportunidad de crear contenido en archivos con extensión .pdf, con documentos que en su mayoría eran texto, con secciones de código y algunas ventanas ilustrativas alusivas al tema tratado, personalizado de acuerdo a la materia en cuestión.

II.- Diseñar las E-actividades de acuerdo a los objetivos de los temas y subtemas del programa de estudio de la materia en cuestión, y observando las competencias que se querían desarrollar, todo a favor, de abonar conocimiento significativo en la preparación del alumno.

Para Diseñar las E-Actividades seguí los pasos propuestos por (Gilly Salmon, 2004).

Empezar con el objetivo final en mente. Contesté las preguntas para las materias en las que se implementaron las E-actividades.

¿Qué es lo que quieres lograr con la actividad en línea? Básicamente quería que mis alumnos tuvieran una retroalimentación general de los temas vistos en clase.

¿Cómo contribuirá al aprendizaje de los participantes? Debido a que se incluían todos los temas, les ayudaba a prepararse para el examen departamental que tienen que presentar los alumnos en ambas materias.

¿Cómo evaluarás o valorarás la E-actividad? En el caso de la materia de Taller de Programación Estructurada la evaluación se llevó a cabo en el laboratorio en horario de clase, la E-actividad se trabajó por equipos de 3 integrantes. En el caso de la materia de Taller de Programación Orientada a Objetos la E-actividad se entregaría impresa, y se trabajaría de forma individual.

¿Qué recursos necesitaran los participantes? Realmente los participantes solo necesitaban Internet, en el caso de la materia de Taller de Programación Estructurada, y en el caso de Taller de Programación Orientada a Objetos también se requería impresora.

¿Cuánto tiempo se requeriría para desarrollar la E-actividad? En el caso de la materia de Taller de Programación Estructurada 30 minutos, pero en realidad los alumnos entregaron en 20 minutos, en el caso de la materia de Taller de Programación Orientada a Objetos el tiempo fue de 1 semana.

¿Pensar en palabras de acción para E-actividades? En la materia de Taller de Programación Estructurada las palabras de acción comprendían: completar, imprimir, codificar; en la materia de Taller de Programación Orientada a Objetos las palabras de acción que abarcaba eran: leer, contestar e imprimir.

Construí las E-actividades en papel, usé un software libre que me permitiera desarrollar la E-actividad y transferirlas del papel a una página Web, en este caso usé Hotpotatoes, basándome en lo sugerido por Ruiz Rey (2006). Obteniendo como resultado las siguientes E-actividades:

La E-actividad para la materia de Taller de Programación Estructurada se componía de algunos ejercicios (programas en lenguaje C) y que los alumnos tenían que completar on-line a través de la Wiki. La mecánica era fácil tenían que entrar a la dirección www.udgtpe2011.wikispaces. com desarrollar la actividad publicada en la Wiki y en el momento el profesor revisaba la actividad en horario clase de laboratorio. La E-actividad para la materia de Taller de Programación Orientada a Objetos constaba de un archivo .pdf que los alumnos tenían que leer el archivo Síntesis UML on-line y entrar a la dirección en Internet www. udgtpoo2011.wikispaces.com, al finalizar la lectura el alumno tenía que contestar unas preguntas publicadas en la Wiki, y después imprimir el documento, preguntas con sus respuestas, su nombre y entregarlo a su profesor en la siguiente clase.

III.- Guardar las E-actividades en el espacio que ofrecen las Wikis.

IV.- Guardar el contenido en documentos .pdf, en un disco duro virtual, en línea y gratuito. Se usó el disco duro virtual Box. net, como medio de almacenamiento virtual consultado en Aguilar (2011).

V.- Ligar el contenido a la Wiki.

VI.- Personalizar la apariencia de la Wiki.

VII.- Invitar a los estudiantes a través de correo electrónico a la Wiki de la materia.

6 Resultados de la utilización de las E-actividades publicadas en la Wiki.

Para evaluar el grado de satisfacción de las E-actividades publicadas en la Wiki de la materia de **Taller de Programación Estructurada**, se utilizó una encuesta con solo dos preguntas a alumnos del calendario 2010 B:

1.- ¿Las E-actividades publicadas en la Wiki te fueron de utilidad? Sí, no y ¿Por qué?.
(Entendiendo las E-actividades publicadas la Wiki como actividades desarrolladas con una herramienta de autor, libre, llamada "Hotpotatoes").

2.- ¿El contenido de las E-actividades publicadas en la Wiki es el adecuado? Sí, no y ¿Por qué?.

De los 50 alumnos encuestados que registraron la materia en el calendario 2010 B.

Podemos observar en la siguiente gráfica los resultados.

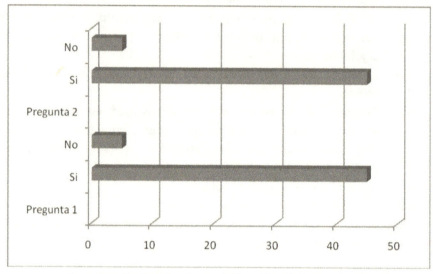

Imagen 1. Grado de satisfacción del uso de la Wiki y las E-actividades de la materia de Taller de Programación Estructurada calendario 2010 B.

Respuesta a la pregunta 1.-¿Por qué? La mayoría de las respuestas estuvieron orientadas a practicar más sobre los temas vistos en clase.

Respuesta a la pregunta 2.-¿Por qué? En su mayoría expresaron que gracias a las E-actividades entendieron mejor la materia y les fue de utilidad para poder repasar los temas del curso y complementar los temas vistos en clase. Ayudó a complementar otras materias.

De los alumnos que contestaron No, a las 2 preguntas, al preguntarles ¿Por qué? La respuesta generalizada fue, consultaron la Wiki en pocas ocasiones y no hicieron las E-actividades.

De lo anterior, puedo concluir, que el 90% de los alumnos mostraron satisfacción por los contenidos y las E-actividades, que fueron publicadas en la Wiki.

Para evaluar el grado de satisfacción de las E-actividades publicadas en la Wiki de la materia de **Taller de Programación**

Estructurada, se utilizó una encuesta con las siguientes preguntas a alumnos del calendario 2011 A:

1.-   ¿Las E-actividades te sirvieron para comprender mejor el tema visto en clase? Sí, no y ¿Por qué?.

2.-   ¿Consideras que las E-actividades son un buen método de estudio? Sí, no y ¿Por qué?.

De los 55 alumnos encuestados que registraron la materia de Taller de Programación Estructurada y que actualmente la cursan calendario 2011 A.

Obteniendo un 100% de satisfacción en las E-actividades publicadas en la Wiki.

En el apartado del ¿Por qué? de la pregunta 1, a continuación la respuesta textual de los siguientes alumnos:

- Alicia López, textualmente "Para entender cómo se manejan los conectores lógicos y cada parte del programa".
- Rita Avalos Martínez, textualmente "Porque por lo menos en mi caso aprendía a checar bien el programa y ver errores o cosas así".
- Luis Gerardo Campos Munguía, textualmente "Porque reafirmamos los conceptos y reglas de los temas".

En el apartado del ¿Por qué? de la pregunta 2, a continuación la respuesta textual de los siguientes alumnos:

- Hugo Fernando Peña Martínez, textualmente "Porque te hace analizar y verificar tus errores".
- Alberto Herrera Mederos, textualmente "Porque se hace más divertido y se pone más atención".

Para evaluar el grado de satisfacción de las E-actividades publicadas en la Wiki de la materia de **Taller de Programación Orientada a Objetos**, se utilizó una encuesta con solo dos preguntas a alumnos del calendario 2011 A:

1.-   ¿Crees que las E-actividades te sirvieron para comprender mejor el tema visto en clase? Sí, no y ¿Por qué?.

2.-   ¿Crees que las E-actividades son un buen método de estudio? Sí, no y ¿Por qué?.

De los 15 alumnos encuestados que registraron la materia en el calendario 2011 A.

Obteniendo un 100% de satisfacción en las E-actividades publicadas en la Wiki.

En el apartado del ¿Por qué? de la pregunta 1, a continuación la respuesta textual de los siguientes alumnos:

- Martha Verónica Martínez Tinoco, textualmente "Hay algunas cosas que no te quedan muy claras en clase y con el escrito te apoyas y puedes resolver tus dudas".

En el apartado del ¿Por qué? de la pregunta 2, a continuación la respuesta textual de los siguientes alumnos:

- Martha Verónica Martínez Tinoco, textualmente "Aparte de que te queda más claro, tienes la lectura que puedes consultar cada vez que tengas una duda".

En total se encuestó a 120 alumnos, durante los ciclos 2010 B y 2011 A que agendaron la materia de Taller de Programación Estructurada, y 2011 A de la materia de Taller de Programación Orientada a Objetos.

7 Conclusión.

Las Wikis pueden ser un medio de comunicación efectiva, que nos permitan vincular al profesor y al alumno, el profesor visto como un facilitador que lleva conocimiento significativo al alumno.

Las Wikis usadas adecuadamente, esto es, con contenidos de calidad y E-actividades construidas con la finalidad de que el alumno obtenga las competencias necesarias de acuerdo a la materia en cuestión, conduce a los estudiantes a obtener un apoyo didáctico que es posible consultar 7 días a la semana 365 días del año, y que estará disponible desde cualquier lugar gracias a Internet. Es un gran apoyo para el proceso de enseñanza-aprendizaje del alumno debido a que las E-actividades sirven de retroalimentación de lo aprendido en clase.

Las E-actividades son una herramienta que permite introducir metodologías más centradas en el alumno, utilizando el entorno en línea. Siempre teniendo en mente que las E-actividades y los apuntes publicados en las Wikis, no son un sustituto de la clase ni del profesor, son un apoyo para que el alumno tenga la oportunidad de procesar información, resolver problemas y tomar decisiones, así como avanzar a su ritmo de estudio. Socializar el conocimiento en un medio como Internet a través de Wikis nos ayuda a mejorar la comunicación entre el profesor y el estudiante.

8 Referencias bibliográficas.

[1] Aguilar Cuenca, Diego; Fernández Rojas, Antonio; García Aguilera, Francisco. "¿Qué necesito para ser teleformador?. Las competencias claves de la formación E-learning", [en línea]. Mayo 2011, [14 de Mayo del 2011]. Disponible en la Web: http://es.scribd.com/doc/25374509/Que-necesito-aprender-para-ser-teleformador-Las-competencias-clave-de-la-formacion-e-learning.

[2] Cobo Romaní y Hugo Pardo Kuklinski. (2007). Inteligencia Colectiva o medios Fast Food. Barcelona: Planeta Web 2.0.

[3] García, Alonso; y Catalina M. (2005). Aplicaciones educativas de las tecnologías de la información y la comunicación. Madrid: Instituto Superior de Formación del profesorado.

[4] Casamayor, Gregorio. (2008). La formación ON-LINE Una mirada integral sobre el E-learning, B-learning. España: Editorial Graó.

[5] Gilly, Salmon. (2004). E-actividades: el factor clave para una formación en línea activa. Editorial UOC.

[6] Julio Cabero y Pedro Román. (2006). E-actividades. Editorial Mad, S.L.

[7] José M. Cerezo, Octavio Isaac Rojas Orduña, José Luis Antúnez, José Antonio Gelado, José Antonio del Moral, Roger Casas Alatriste. Web 2.0. Editorial ESIC.

[8] Lockwood, cit. por Aretio L. García. La educación a distancia. De la teoría a la práctica, pp. 237-238.

[9] Mariano L. Bernardez. (2007). Diseño, Producción, implementación del E-Learning. Editorial Authorhouse.

[10] Ruiz Rey, Francisco José. (2006). Internet y Educación. Uso educativo de la red. Editorial Visión Net.

BLOGS PARA ENSEÑAR CIENCIAS COMPUTACIONALES EN LA UNIVERSIDAD

Lotzy Beatriz Fonseca Chiu

Resumen.

El trabajo tiene como finalidad difundir la experiencia de implementar en el aula de clases herramientas alternativas, que nos permiten fortalecer nuestra práctica docente, difundir y socializar el conocimiento. Socializar el conocimiento con la creación de Blogs, enriqueciéndolos, con actividades creadas y diseñadas con herramientas de autor, el desarrollo de vídeos, y contenidos de calidad, pensados para cada materia, han logrado un valor agregado en las materias que imparto, en el Centro Universitario de Ciencias Exactas e Ingenierías (CUCEI), institución en la que actualmente laboro. En este documento se mostrarán los resultados de la experiencia de trabajar con los Blogs, utilizados como herramientas didácticas y virtuales, con el principal objetivo de lograr el acompañamiento de los alumnos, en su proceso de enseñanza-aprendizaje. Proceso que ha tenido una tendencia positiva, obteniendo un alto grado de satisfacción. Satisfacción que se ha logrado gracias al desarrollo de los contenidos, actividades y vídeos de los Blogs, adaptados a las necesidades de cada materia.

Palabras claves: Blogs, vídeos, enseñanza.

Blogs to teach computer science in College.

Abstract.

The work aims to disseminate the experience of implementing alternative tools that allow us to strengthen our teaching practice, disseminating and socialize knowledge in the classroom. Socializing knowledge with the creation of Blogs, enriching them, with activities created and designed with authoring tools, developing video tutorials and quality content designed for each subject, has been a value-added benefit in the subjects I teach in the University Center for Science and Engineering (CUCEI). This document shows the results of the experience of working with Blogs, used as didactic and virtual tools with the main goal of to be the accompaniment of the students in their teaching-learning process. Progress has been steady, and with a high rate of satisfaction. Satisfaction achieved through the development of content, activities and video tutorials for Blogs, adapted to the needs of each subject.

Keywords: Blogs, videos, teaching.

1 Introducción.

El mundo de la educación no ha quedado al margen, lógicamente, de la revolución de Internet. Las formas de enseñar y aprender han cambiado mucho desde la aparición de la Web. Aportando al mundo de la enseñanza una serie de herramientas y prácticas que están modificando los sistemas de aprendizaje y de transmisión de conocimientos (Nafría, 2008). Herramientas que favorecen la creación de una Web o de un Blog sin tener necesidad de saber programar, pero con la imprescindible necesidad de comunicar (Bartolomé, 2008). Entonces, ¿Por qué no usar los medios novedosos que nos ofrece Internet en beneficio de la educación?, utilicemos los medios novedosos para difundir el conocimiento entre nuestros estudiantes.

2 Referentes teóricos.

Un Blog está basado en la idea de que cualquiera puede escribir en línea y construir un espacio conversacional que contribuya a reforzar las relaciones sociales. En un Blog, es posible publicar texto, imágenes, audio, vídeo, ligas a contenidos externos y en nuestro caso actividades de aprendizaje (Casamayor, 2008).

Ejemplos de Blogs: http://wordpress.org, y www.blogger.com.

Los Blogs se han convertido en una excelente herramienta de expresión, comunicación y socialización, que ha servido para tejer un complejo subespacio de comunicación que conocemos como Blogosfera (Fumero y Roca, 2007). Los Blogs pueden utilizarse como un recurso propio del modelo constructivista dentro de la docencia. Establecen un canal de comunicación informal entre profesor y alumno, promueven la interacción social, dotan al alumno con un medio personal para la experimentación de su propio aprendizaje (Lara, 2005).

Las características de los Blogs y su enfoque participativo dentro de la filosofía de las redes sociales, están constituyéndose como una herramienta esencial para la educación. De hecho, la progresiva asimilación dentro del terreno educativo ha derivado en el término "Edublog" que refleja el uso de los Blogs con fines académicos, o como expone (Tíscar, 2005), aquellos Blogs cuyo principal objetivo es apoyar un proceso de enseñanza-aprendizaje en un contexto educativo.

El uso de Edublogs en la educación superior es tremendamente amplia, pudiendo estructurarse en tres tipologías claramente diferenciadas de acuerdo a (Boneu, 2007): Blogs de asignaturas, Weblogs individuales de alumnos y Weblogs grupales de alumnos. Los Blogs de asignaturas, estos se caracterizan porque el profesor va publicando noticias o contenido relacionados con sus asignaturas, así como actividades, calendarios, etc. Los Weblogs individuales se caracterizan porque el profesor pide al alumnado que escriba entradas periódicas sobre alguna de las temáticas que se están abordando en la asignatura, a las que se le realiza un apoyo y seguimiento (Boneu, 2007, pp. 41-42). Los Weblogs grupales por su parte, son aquellos elaborados de forma colectiva, que a modo de equipo de redacción tendrán que publicar posts relacionados con las temáticas, estilos y procedimientos establecidos. En el caso de la presente experiencia se usaron Blogs de asignatura, enriquecidos con actividades y recursos específicos para cada materia, concretamente trabajé en la asignatura de Taller de Programación Estructurada, Programación de Sistemas Multimedia y Taller de Programación Orientada a Objetos, que imparto en el Centro Universitario de Ciencias Exactas e Ingenierías (CUCEI), en el Departamento de Ciencias Computacionales.

3 Contexto.

La idea de los Blogs parte de la necesidad, como profesor de asignatura observé que los estudiantes ocupaban tener los apuntes de las clases impartidas a la mano, y pensando en esto, fue que nace la idea de publicar la información que se les ofrecía en clase, a través de Blogs. En los Blogs se les publicarían los apuntes, y en el caso de las clases de laboratorio, se les publicarían los mismos procedimientos vistos en clase, paso a paso, a través de vídeos, además de actividades que permitirán el repaso y autoevaluación de los temas vistos en clase presencial. De esta forma procedí a crear los Blogs y contenidos que cubrieran la necesidad de los estudiantes y que sirvieran de apoyo a las clases que imparto en el Centro Universitario de Ciencias Exactas e Ingeniarías, institución en la que actualmente laboro.

4 Objetivo de los Blogs.

El objetivo principal de los Blogs era difundir el conocimiento, usando el material que había desarrollado para las materias que impartía. En algunos de los casos con un acceso controlado y dosificado de los contenidos, esto con la finalidad, de llevar el control de los temas, de acuerdo al programa de la materia y al avance en el aula de clases. La intención, desarrollar algo funcional, con contenido de calidad, pensando en actividades útiles, que les permitiera a los estudiantes avanzar en su proceso de enseñanza-aprendizaje. Un Blog tiene muchas ventajas para un profesor, en mi experiencia, puntualizo algunas de las más relevantes: Libre, gratuito, disponible las 24 horas del día − 7 días a la semana, con posibilidades de agregar, contenido multimedia, como son vídeos, pod-cast y sin mucho esfuerzo, muy flexible ya que admite que el profesor agregue actividades desarrolladas para alcanzar los objetivos que el profesor requiera. Publicado en un medio de fácil acceso como es Internet, son pocos los requerimientos necesarios para acceder a su contenido, esto es, que un alumno, con una pc, una conexión a Internet y el permiso correspondiente concedido por el profesor, es suficiente para aprovechar y disfrutar del contenido. La apariencia es totalmente personalizable con software libre y poco esfuerzo.

5 Proceso de desarrollo de los Blogs.

Todo lleva su proceso, la organización del contenido, el diseño de la apariencia los Blogs, el almacenamiento de material propio en sitios gratuitos, hacer la liga entre ese material y los Blogs, la administración de permisos, todas esas actividades corre a cargo del profesor. Involucra, horas de trabajo extra para mantener un Blog funcional, pero estoy convencida, que sentó las bases de un material, que será reutilizable y admitirá modificaciones sencillas que permitirán, que el contenido mejore de forma continua en cada ciclo. De forma general, explico el proceso de desarrollo del contenido de los Blogs, para adaptarlos, como herramientas didácticas virtuales y así apoyar el proceso de enseñanza-aprendizaje de los alumnos.

I.- Reunir algunos apuntes desarrollados con anterioridad, y crear nuevos contenidos, de acuerdo al programa de estudio de la materia impartida y sus necesidades específicas, así, observé la oportunidad de crear contenido en archivos con extensión .pdf, con documentos que en su mayoría eran texto, con secciones de código y algunas ventanas ilustrativas alusivas al tema tratado, personalizado de acuerdo a la materia en cuestión.

II.- Desarrollar actividades de acuerdo a los objetivos de los temas y subtemas del programa de estudio de la materia en cuestión, que abonarán conocimiento significativo en la preparación del alumno.

III.- Desarrollar vídeos, esto es, prácticas guiadas paso a paso, que el alumno podría consultar tantas veces como necesitara, para entender un proceso o el manejo de algún software en específico, de acuerdo al programa de estudio de la materia en cuestión.

IV.- Guardar el contenido, actividades, vídeos, en un disco duro virtual, en línea y gratuito y ligar el contenido a los Blogs.

V.- Personalizar la apariencia de los Blogs a través de un software libre y de fácil uso.

VI.- Invitar a los estudiantes a través de correo electrónico a los Blogs de las diversas materias.

6 Un vistazo en imagen de los Blogs mencionados en este documento.

Imagen 1. Contenido del Blog de Taller de Programación Estructurada.

Cabe mencionar que los documentos, pueden ser descargados del Blog, por lo tanto, los apuntes se encuentran disponibles siempre, accesibles para el estudiante.

7 Resultados de la utilización de los Blogs.

Para evaluar el grado de satisfacción del Blog de la materia de **Taller de Programación Estructurada** se incluyeron las siguientes preguntas en la encuesta realizada a los estudiantes de dicha materia en el calendario 2010 B:

1.-　　¿Los apuntes del Blog te fueron de utilidad? Sí, no y ¿Por qué? (Los apuntes del Blog en un documento .pdf).

2.-   ¿Las corridas de escritorio del Blog te fueron de utilidad? Sí, no y ¿Por qué? (Entendiendo como corridas de escritorio Actividades publicadas en el Blog y desarrolladas con una herramienta de autor, libre, llamada "Hotpotatoes" y otra llamada "Articulate").

3.-   ¿Te sirvió la tarea que se publicó en el Blog? Sí, no y ¿Por qué? (La tarea fue un conjunto de ejercicios en un documento .pdf).

De los 50 alumnos encuestados que registraron la materia en el calendario 2010 B.

Podemos observar en la siguiente gráfica los resultados.

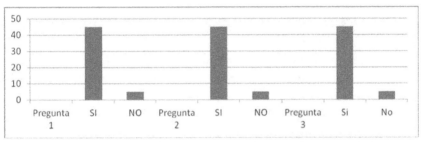

Imagen 2. Grado de satisfacción del Blog de la materia de Taller de Programación Estructurada calendario 2010 B.

Respuesta a la pregunta 1.- ¿Por qué? En su mayoría expresaron que gracias a los apuntes entendieron mejor la materia y les fue de utilidad para poder repasar los temas del curso y complementar los temas vistos en clase. Ayudó a complementar otras materias.

Respuesta a la pregunta 2.- ¿Por qué? La mayoría de las respuestas estuvieron orientadas a practicar más sobre los temas vistos en clase.

Respuesta a la pregunta 3.- ¿Por qué? La mayoría de las respuestas expresan que les ayudó a practicar y prepararse para su examen final.

De los alumnos que contestaron No, a las 3 preguntas, al preguntarles ¿Por qué? La respuesta generalizada fue: consultaron el Blog en pocas ocasiones y no hicieron la tarea.

De lo anterior, puedo concluir, que el 90% de los alumnos mostraron satisfacción por el uso de la herramienta, los contenidos y actividades del Blog.

En el caso de la materia de **Taller de Programación Orientada a Objetos** anexé vídeos, que son prácticas guiadas, desarrolladas en su mayoría con una herramienta de autor llamada Adobe Captivate, así como documentos en archivos .pdf con contenido teórico y ejemplos de código de la materia. La encuesta incluyó las siguientes preguntas:

1.-   ¿Qué les parecieron los documentos del Blog? Buenos, malos y ¿Por qué?.
2.-   ¿Les gustaron los vídeos? Sí, no y ¿Por qué?.
3.-   ¿Los apuntes estuvieron disponibles la mayor parte del tiempo? Sí, no y ¿Por qué?.

De los 20 alumnos encuestados en el calendario 2010 B.

18 contestaron, Bueno, a la pregunta 1.

- ¿Por qué? En palabras textuales, del alumno Venegas Muñoz José Carlos: Son buenos, sencillos, fáciles de entender.

En la mayoría de las opiniones, son fáciles, entendibles, sobre todo para personas que no tienen conocimientos previos y sirven para objetos en general.

18 contestaron Si a la pregunta 2.

- ¿Por qué? Buenos, sencillos, muestran el paso a paso, son fáciles de consultar en cualquier momento y para recordar cosas. Lo anterior en palabras textuales del alumno Jonathan Morán Silva.

18 contestaron Si a la pregunta 3.

- ¿Por qué? Si, estaban accesibles y muy buenos, siempre a la mano. Lo anterior en palabras textuales del alumno Jonathan Morán Silva.

2 personas no consultaron el Blog.

Como conclusión de lo anterior, el Blog, combinado con actividades desarrolladas con herramientas de autor, prácticas guiadas y contenido de calidad tiene un 90% de aceptación, en esta materia.

El alumno Armando Suárez Atilano señala que sería bueno agregar más vídeos porque son sencillos y están bien explicados.

En el caso de la materia de **Programación de Sistemas Multimedia** anexé vídeos, que son prácticas guiadas, desarrolladas en su mayoría con una herramienta de autor llamada Adobe Captivate, así como documentos en archivos .pdf con contenido teórico y ejemplos de código. La encuesta incluyó las siguientes preguntas:

1.- ¿Los vídeos te han sido de utilidad para estudiar y aumentar tu grado de comprensión en la materia de Programación de Sistemas Multimedia? Sí, no y ¿Por qué?.
2.- ¿Consideras que el Blog te sirvió en general para entender la materia y obtener un mejor aprovechamiento académico? Sí, no y ¿Por qué?.

De los 18 Alumnos encuestados, en el calendario 2010 B.

18 contestaron Si a la pregunta 1.

- ¿Por qué? En palabras textuales de la alumna Alejandra Brambila González: Si, ya que te ayudan a estudiar de la materia de Programación de Sistemas Multimedia. Son hechos para la materia y con el contenido que se ve en ella, te guía muy claro y de manera sencilla.

- ¿Por qué? En palabras textuales del alumno Ángel Josué Oropeza Zuñiga: Si, para programación multimedia!!!!. Ya que es una materia muy visual.

18 Contestaron Si a la pregunta 2.

- ¿Por qué? En palabras textuales de la alumna Alejandra Brambila González: Si, ya que en el Blog se comparten los vídeos y aparte información sobre la materia.
- ¿Por qué? En palabras textuales del alumno Ángel Josué Oropeza Zuñiga: Ni mejor ni peor!!! Sirvió por el simple hecho de tener todo lo que se necesita a la mano!! Algún repaso de algo que se te olvidó!!

Como conclusión de lo anterior, el Blog, combinado con actividades desarrolladas con herramientas de autor, prácticas guiadas y contenido de calidad tiene un 100% de aceptación, en esta materia.

Para evaluar el grado de satisfacción de los Blogs y las actividades publicadas en el Blog de la materia de **Taller de Programación Estructurada**, se utilizó una encuesta con las siguientes preguntas a alumnos del calendario 2011 A:

1.-¿Las actividades publicadas en el Blog te sirvieron para comprender mejor el tema visto en clase? Sí, no y ¿Por qué?.
2.-¿Consideras que las actividades publicadas en el Blog son un buen método de estudio? Sí, no y ¿Por qué?.

De los 55 alumnos encuestados que registraron la materia de Taller de Programación Estructurada y que cursaron la materia en el calendario 2011 A.

Podemos observar en la siguiente gráfica los resultados.

Obteniendo un 100% de satisfacción en las actividades publicadas en el Blog.

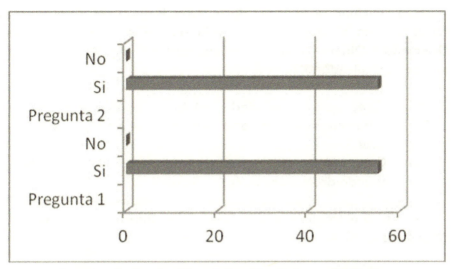

Imagen 3. Grado de satisfacción de las actividades publicadas en el Blog de la materia de Taller de Programación Estructurada calendario 2011 A.

En el apartado del ¿Por qué? de la pregunta 1, a continuación la respuesta textual de los siguientes alumnos:

- Agustín de Jesús Barajas Ocampo, textualmente: "Para practicar".
- Alejandro Valencia Zepeda, textualmente: "Me ayudo a entender, a comprender mejor el tema, y a practicar".
- Arturo Raygoza Álvarez, textualmente: "Me ayudo a ver de una forma más concreta los ejemplos, saber como es su estructura".

En el apartado del ¿Por qué? De la pregunta 2, a continuación la respuesta textual de los siguientes alumnos:

- Karina Jiménez Méndez, textualmente: "Es una excelente idea para estudiar en tu casa a la hora que quieras".
- Nadia Cristina Munguía Nuño, textualmente: "Ayuda a practicar y además sabes que tan bien entendiste el tema".

Para evaluar el grado de satisfacción de las actividades publicadas en el Blog de la materia de **Taller de Programación Orientada a Objetos,** se utilizó una encuesta con solo dos preguntas a alumnos del calendario 2011 A:

1.-   ¿Crees que las actividades publicadas en el Blog te sirvieron para comprender mejor el tema visto en clase? Sí, no y ¿Por qué?

2.-   Crees que las actividades publicadas en el Blog son un buen método de estudio? Sí, no y ¿Por qué?

De los 15 alumnos encuestados que registraron la materia en el calendario 2011 A.

Podemos observar en la siguiente gráfica los resultados.

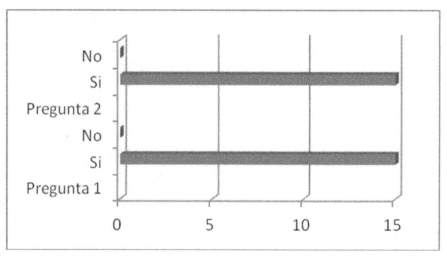

Imagen 4. Grado de satisfacción del uso de las actividades publicadas en el Blog de la materia de Taller de Programación Orientada a Objetos calendario 2011 A.

En el apartado del ¿Por qué? de la pregunta 1, a continuación la respuesta textual de los siguientes alumnos:

*   María Guadalupe Miranda López textualmente "Así me puse a leer el tema y de cierto modo estudiarlo además de comprender de lo que se trataba".

En el apartado del ¿Por qué? de la pregunta 2, a continuación la respuesta textual de los siguientes alumnos:

- María Guadalupe Miranda López, textualmente "Así tuve que poner atención y estudiarlo para poder contestar las preguntas de lo contrario dudo haberlo leído con atención".

En total fueron entrevistados 158 alumnos en los calendarios comprendidos, entre el 2010 B y el 2011 A, en las materias de Taller de Programación Estructurada, Taller de Programación Orientada a Objetos y Programación de Sistemas Multimedia, obteniendo un 96% de aceptación en el uso de herramientas como Blogs, actividades y vídeos.

8 Conclusión.

Los Blogs pueden ser un medio de comunicación efectiva, que nos permitan vincular al profesor y al alumno, el profesor visto como un facilitador que lleva conocimiento significativo al alumno. Los Blogs usados adecuadamente, esto es, con contenidos de calidad y actividades específicas para cada materia, apoyan al alumno en sus estudios. Siempre teniendo en mente que los Blogs y su contenido, no son un sustituto de la clase, sino un apoyo para el alumno. Difundir el conocimiento en un medio como Internet a través de Blogs nos ayuda a mejorar la comunicación entre el profesor y el estudiante.

9 Referencias bibliográficas.

[1] Bartolomé, Antonio. (2008). El profesor cibernauta ¿Nos ponemos las pilas?. Barcelona: Editorial Graó.

[2] Boneu, Josep, M. (2007)."Plataformas abiertas de E-learning para el soporte de contenidos educativos abierto". En "Contenidos educativos en abierto" [monográfico en línea]. Revista de la Universidad y Sociedad del Conocimiento (RUSC). Vol. 4, no. 1. UOC. (Fecha de consulta:18/06/2011). http://www.uoc.edu/rusc/4/1/dt/esp/boneu.pdf.

[3] Cobo Romaní y Hugo Pardo Kuklinski. (2007). Inteligencia Colectiva o medios Fast Food. Barcelona: Planeta Web 2.0.

[4] Casamayor, Gregorio. (2008). La formación ON-LINE Una mirada integral sobre el E-learning, B-learning. España: Editorial Graó.

[5] Fumero, Antonio; Roca, Genis. (2007).Web 2.0.Fundación Orange. Madrid.

[6] Nafría, Ismael. (2008). Web 2.0 El usuario el nuevo rey de Internet. Ediciones Gestión 2000.

[7] Tíscar, Lara. (2005). Weblogs y Educación. Consultado 18 de junio, 2011 desde http://tiscar.com/weblogs-y-educacion.

[8] Lara. (2005). Blogs para educar. Usos de los Blogs en una pedagogía constructivista. 18 de junio, 2011 desde http://unileon. pbworks.com/f/edublogs.pdf.

VÍDEOS DIDÁCTICOS PARA ENSEÑAR CIENCIAS COMPUTACIONALES, UNA EXPERIENCIA UNIVERSITARIA

Lotzy Beatriz Fonseca Chiu

Resumen.

El trabajo tiene como finalidad difundir la experiencia de implementar en el aula de clases herramientas alternativas, como el vídeo didáctico. Vídeo didáctico que sirve de material de apoyo para el profesor, y a su vez beneficia a los estudiantes en su proceso de enseñanza-aprendizaje fortaleciendo y fomentando la retroalimentación de lo aprendido en clase. En este documento se mostrarán los resultados de la experiencia de implementar vídeos didácticos, para enseñar ciencias computacionales, en las materias de Taller de Programación de Sistemas Multimedia y Taller de Programación Orientada a Objetos, que actualmente se imparten, en el Centro Universitario de Ciencias Exactas e Ingenierías (CUCEI), Departamento de Ciencias Computacionales, institución en la que actualmente laboro.

Palabras claves: Vídeo didáctico, enseñar, ciencias computacionales.

Didactic videos to teach computer science, a university experience.

Abstract.

The paper aims to disseminate lessons to implement in the classroom alternative tools such as a didactic video. An educational video that provides material support for the teacher, and in turn benefit students in teaching-learning process by strengthening and encouraging feed back from the course material. This document will show the results of the experience of implementing didactic videos, for teach computer science in matters of Multimedia Systems Programming and Workshop on Object-Oriented Systems Programming, which currently are held at the Center for Science and Engineering (CUCEI), Computer Science Department, an institution where I'm working.

Keywords: Video didactic, teaching, computer science.

1 Introducción.

El vídeo es una de las principales innovaciones educativas de nuestra época, como lo fue, en el pasado, el texto libre, el periódico escolar, el teatro, etc. La escuela de nuestra época valora a los medios de comunicación y busca hacer más interesante los contenidos de aprendizaje por medio de estos nuevos métodos (Gadotti, 2003). Los avances que está sufriendo la tecnología del vídeo hacia su facilidad de manejo, sus características técnicas y potencialidades, permiten captar la información con aceptables niveles de calidad en los vídeos de formatos domésticos, la reducción de su tamaño, la inmediatez con que pueden ser observados los mensajes, tanto en el hardware como en el software, hacen que pueda ser un instrumento idóneo para que los alumnos lo utilicen para analizar el mundo que les rodea y expresarse a través de él, y conseguir de esta forma que los alumnos no sean meramente receptores de información (Cabero Almanera, 2007).

El concientizarnos de que los alumnos de hoy, crecieron con la tecnología es el primer paso para actuar en consecuencia. Los profesores hemos de convertirnos en facilitadores de la información y el conocimiento, así como diseñadores de las situaciones de aprendizaje (Silva, 2005), entre nuestros estudiantes, para lograr este objetivo y hacer que los estudiantes se conviertan en protagonistas de su propio aprendizaje, los profesores debemos entablar una correcta comunicación con ellos a través de la tecnología. Tecnología que ellos han adoptado como una forma de socializar, comunicar, expresar, aprender y divertirse. Los vídeos didácticos se han convertido en medios novedosos para difundir información, así como entablar comunicación con nuestro público objetivo, el estudiante, entonces, ¿Por qué no aprovecharlo a favor de la educación?, **utilicemos los medios novedosos para llevar educación, formación y aprendizajes significativos a nuestros estudiantes.**

2 Referentes teóricos.

El vídeo didáctico es un producto audiovisual avalado para ser instrumentado en un proceso concreto de enseñanza-aprendizaje de forma creativa y dinámica, cuyos contenidos son propios de un currículum académico y se adecuan a las características culturales y educativas de los alumnos. La principal característica del vídeo didáctico es, estar diseñado, producido, experimentado y evaluado para ser insertado en un proceso concreto de enseñanza-aprendizaje de forma creativa y dinámica (Cebrian, 1994).

Los vídeos didácticos se clasifican en (Marques, 2003):

- Lección temática o vídeo-lecciones: Son los vídeos que presentan de manera sistemática y con una profundidad adecuada los apartados de un tema concreto.
- Vídeos motivadores: Pretenden ante todo impactar, motivar, interesar a los espectadores.

De la clasificación anterior del vídeo didáctico lo que se adaptó mejor al trabajo en laboratorio y al trabajo en clase en grupo fueron las vídeo-lecciones. Las vídeo-lecciones se adaptan al trabajo individual o de pequeño grupo, siempre que también utilicemos una adecuada pedagogía (Bartolomé, 2004).

3 Contexto.

La idea de los vídeos didácticos nace de la necesidad. La situación en la que me encontraba como profesor, esto es, profesor de asignatura con múltiples materias prácticas, y muchas horas de laboratorio, con la problemática a la que todo profesor nos hemos enfrentado, materias de complejidad media a elevada, con múltiples procedimientos y muchas líneas de código que un estudiante debe aprender, me impulsó a crear material didáctico, que favoreciera el uso de herramientas informáticas e invitara a los estudiantes a usarlas y difundirlas, que ayudara a fortalecer el conocimiento que impartía en las aulas, y apoyara la retroalimentación fuera de los horarios de laboratorio.

Los vídeos didácticos fueron la solución perfecta, que cubrió las necesidades de retroalimentación requerida por los estudiantes después de salir de clases.

4 Propósito de los vídeos didácticos.

El vídeo didáctico tiene como propósito apoyar al estudiante, proporcionándole el paso a paso de todas las practicas desarrolladas en la clase presencial, y de esta forma apoyar su proceso enseñanza-aprendizaje. En el vídeo didáctico los estudiantes encuentran los procedimientos exactos de las prácticas desarrolladas en laboratorios y en las propias clases. Los contenidos fueron publicados en la plataforma oficial de mi Centro Universitario, llamada Moodle, pero debido a las limitantes de la misma plataforma, migre paulatinamente los contenidos a Blogs y Wikis, permitiendo que los contenidos estuvieran siempre disponibles a través de Internet.

5 Proceso de desarrollo en pasos.

Todo lleva su proceso y el desarrollo de vídeos didácticos requiere de horas extra de trabajo, para lograr un producto de calidad. A continuación los pasos que seguí en el proceso de desarrollo, basándome en los propuestos por (Cabero y Gisbert, 2005) para el diseño de acciones formativas en red.

I.-   Determinar el objetivo para realizar el material.
II.-   Identificar y seleccionar la información. En este punto reuní algunos apuntes desarrollados con anterioridad, y crear nuevos contenidos, de acuerdo al programa de estudio de la materia impartida y sus necesidades específicas.
III.-   Identificar a los destinatarios.

IV.- Plantear el objetivo de los temas y subtemas del programa de estudio de la materia en cuestión.

V.- Definir las competencias que se quieren desarrollar por objetivo de los temas y subtemas del programa de estudio de la materia en cuestión.

VI.- Diseñar la portada del vídeo didáctico en donde se incluye el tema, nombre del autor e imágenes alusivas a la materia en cuestión.

VII.- Realizar las capturas del vídeo educativo siguiendo las practicas desarrolladas en clase, empatadas con los objetivos de los temas y subtemas del programa de estudios, así como las competencias que se pretenden desarrollar en el estudiante de la materia en cuestión.

VIII.- Definición de los estándares de calidad que seguirá el material. Pre visualización del vídeo didáctico para corrección de errores de edición, así como para editar los tiempos de duración de las capturas.

IX.- Publicación del vídeo en el formato idóneo pensando en que cuente con las características necesarias para poder ser publicado en diversas plataformas.

6 Ventajas del vídeo didáctico desde el punto de vista del alumno.

En general los alumnos comentaron las siguientes ventajas del vídeo didáctico:

- El vídeo didáctico es una excelente herramienta para el auto-aprendizaje (En caso de que el alumno por cuestiones de enfermedad, no puede asistir a la clase presencial).

- El vídeo didáctico permite la retroalimentación de lo visto en clase (En algunas ocasiones los procedimientos para realizar alguna práctica son tantos que pueden prestarse a ser olvidados).

- El vídeo didáctico permite ser consultado los 7 días de la semana y los 365 días del año, esto debido a que son publicados tanto en la plataforma oficial de mi Centro Universitario, como en Internet a través de Blogs y Wikis.

- El vídeo didáctico puede ser consultado en repetidas ocasiones, con el paso a paso, de todas las prácticas que se imparten en la clase presencial.

7 Resultados de la utilización de los vídeos didácticos.

Para poder observar el alcance de los vídeos didácticos y el grado de satisfacción de los estudiantes frente a esta nueva herramienta, realicé una encuesta, obteniendo los siguientes resultados: Se utilizaron los vídeos didácticos en la materia de **Programación de Sistemas Multimedia** el contenido de los mismos consistían en prácticas guiadas, desarrolladas en su mayoría con una herramienta de autor llamada Adobe Captivate. La encuesta incluyó las siguientes preguntas:

1.- ¿Los vídeos didácticos te han sido de utilidad para estudiar y aumentar tu grado de comprensión en la materia de Programación de Sistemas Multimedia? Sí, no y ¿Por qué?.
2.- ¿Consideras que el contenido de los vídeos didácticos son los adecuados para la materia? Sí, no y ¿Por qué?.
3.- ¿Consideras que los vídeos didácticos te ayudaron a obtener un mejor aprovechamiento académico? Sí, no y ¿Por qué?.
4.- ¿En general la calidad de los vídeos didácticos te pareció la adecuada? Sí, no y ¿Por qué?.

100% de Satisfacción en la utilización de los vídeos didácticos.

De los 18 Alumnos encuestados, en el calendario 2010 B.

18 contestaron Si a la pregunta 1.

- ¿Por qué? En palabras textuales de la alumna Alejandra Brambila González: Si, ya que te ayudan a estudiar de la materia de Programación de Sistemas Multimedia.
- ¿Por qué? En palabras textuales del alumno Angel Josue Oropeza Zuñiga: Si, para programación multimedia!!!!.

18 Contestaron Si a la pregunta 2.

- ¿Por qué? En palabras textuales de la alumna Alejandra Brambila González: Si, ya que son hechos para la materia y con el contenido que se ve en ella, te guía muy claro y de manera sencilla.
- ¿Por qué? En palabras textuales del alumno Angel Josue Oropeza Zuñiga: Si, porque es una materia visual.

18 Contestaron Si a la pregunta 3.

- ¿Por qué? En palabras textuales de la alumna Alejandra Brambila González: Si, ya que contenían información sobre la materia.
- ¿Por qué? En palabras textuales del alumno Angel Josue Oropeza Zuñiga: Sirvió por el simple hecho de tener todo lo que se necesita a la mano!! Algún repaso de algo que se te olvidó!!

18 contestaron Si a la pregunta 4.

- ¿Por qué? En palabras textuales de la alumna Alejandra Brambila González: Si, se veían muy bien y no estaban tan pesados.
- ¿Por qué? En palabras textuales del alumno Angel Josue Oropeza Zúñiga: Son buenos como repaso.

Como conclusión de lo anterior, los vídeos didácticos que fueron desarrollados con herramientas de autor, como prácticas guiadas combinado con apuntes de calidad tienen un 100% de aceptación, en esta materia en el calendario 2010 B.

Resultados calendario **2011 A** de la materia de **Programación de Sistemas Multimedia** con la siguiente encuesta:

1.- ¿Los vídeos didácticos te han servido como método de estudio? Sí, no y ¿Por qué?.
2.- ¿El contenido de los vídeos didácticos es el adecuado? Sí, no y ¿Por qué?.

3.-   ¿Consultas los vídeos didácticos fuera del horario de clase? Sí, no y ¿Por qué?.

100% de Satisfacción en la utilización de los vídeos didácticos.

De los 21 Alumnos encuestados, en el calendario 2011 A.

21 contestaron Si a la pregunta 1.

- ¿Por qué? En palabras textuales del alumno Medina Pérez Christian: Si, ya que en ellos se explica paso a paso y de manera bastante entendible la realización de las prácticas.
- ¿Por qué? En palabras textuales del alumno Gaeta Corona Hugo: Si, porque los días que falté podía darme una idea de lo que realizaron en clase y no atrasarme tanto.
- ¿Por qué? En palabras textuales la alumna González Enríquez Viridiana: Si, ya que si tienes dudas fuera de clase en ese momento lo solucionas o te das una idea de cómo solucionarlo.

21 contestaron Si a la pregunta 2.

- ¿Por qué? En palabras textuales del alumno Medina Pérez Christian: Si, porque están diseñados de tal manera que es prácticamente imposible no entenderlos.
- ¿Por qué? En palabras textuales del alumno Gaeta Corona Hugo: Si, porque muestran los temas vistos en clase y como desarrollarlos.
- ¿Por qué? En palabras textuales la alumna González Enríquez Viridiana: Si, porque son de temas que ya vimos y por lo tanto sirven de ayuda.

21 contestaron Si a la pregunta 3.

- ¿Por qué? En palabras textuales del alumno Medina Pérez Christian: Si, ya que es bastante común que se me olvide algún paso para realizar las prácticas.
- ¿Por qué? En palabras textuales del alumno Gaeta Corona Hugo: Si, cuando me veo en la necesidad de faltar.

- ¿Por qué? En palabras textuales la alumna González Enríquez Viridiana: Si, para que quede mejor entendido el tema.

Resultados calendario **2010 B** de la materia de **Taller de Programación Orientada a Objetos** con la siguiente encuesta:

1.- ¿Consideras que los vídeos didácticos te sirvieron para estudiar de la materia? Sí, no y ¿Por qué?.
2.- ¿Consideras que el contenido de los vídeos didácticos es el adecuado? Si o no.

De los 20 alumnos encuestados en el calendario 2010 B.

90% de Satisfacción en la utilización de los vídeos didácticos.

18 contestaron Si a la Pregunta 1.

- ¿Por qué? Buenos, sencillos, muestran el paso a paso, son fáciles de consultar en cualquier momento y para recordar cosas. Lo anterior en palabras textuales del alumno Jonathan Morán Silva.
- ¿Por qué? El alumno Armando Suárez Atilano señala que sería bueno agregar más vídeos didácticos porque son sencillos y están bien explicados.
- ¿Por qué? El alumno Venegas Muñoz José Carlos, comenta que le gustaría que se vieran más vídeos de conexión a bases de datos con Java, como comentario le gustaría que se pudieran ver on-line, ya que tuvo que descargarlos a su pc.

20 contestaron Si a la Pregunta 2.

- ¿Por qué? Como ya lo mencione son sencillos, muestran el paso a paso, en palabras textuales del alumno Jonathan Morán Silva.
- ¿Por qué? En palabras del alumno Armando Suárez Atilano están bien explicados.
- ¿Por qué? En palabras del alumno Venegas Muñoz José Carlos, son buenos, sencillos y fáciles de entender.

Cabe mencionar que los 2 que contestaron No a la pregunta 1 mencionan que no consultaron de forma periódica los vídeos didácticos.

Resultados calendario **2011 A** de la materia de **Taller de Programación Orientada a Objetos** con la siguiente encuesta:

1.-   ¿Consideras que los vídeos didácticos te sirvieron para estudiar de la materia? Sí, no y ¿Por qué?.
2.-   ¿Consideras que el contenido de los vídeos didácticos es el adecuado? Si o no.

De los 15 alumnos encuestados en el calendario 2011 A.

100% de Satisfacción en la utilización de los vídeos didácticos.

15 contestaron Si a la Pregunta 1.

- ¿Por qué? En palabras del alumno Joel Jiménez Mejía: Si, es fácil comprender el uso de herramientas como es el Netbeans y aprendo de una forma dinámica el uso de los componentes.
- ¿Por qué? En palabras del alumno Omar Nava Flores: creo que los vídeos didácticos que nos proporcionó la maestra son adecuados, buenos y completos, tal vez si tuvieran algo de sonido serían excelentes pero pienso que están completos y te dan un buen tiempo para entender los movimientos realizados.
- ¿Por qué? En palabras de la alumna Martha Verónica Martínez Tinoco: Si, porque algunas veces en clase no te queda todo claro, puedes consultar en los vídeos.

15 contestaron Si a la Pregunta 2.

- ¿Por qué? En palabras del alumno Joel Jiménez Mejía: Si, es muy claro el contenido de cada vídeo didáctico ya que te explica de forma explícita y paso a paso como usar la herramienta de Netbeans.
- ¿Por qué? En palabras del alumno Omar Nava Flores: Si, ya que en programación es mejor utilizar este tipo de

tecnología, es indispensable este tipo de autoayuda en la que podemos estudiar y basarnos para nosotros crear nuestras propias aplicaciones.

- ¿Por qué? En palabras de la alumna Martha Verónica Martínez Tinoco: Si, son muy fáciles de seguir y todo sale correcto.

En total se entrevistaron 74 estudiantes entre los ciclos 2010 B y 2011 A.

8 Conclusión.

Los vídeos didácticos pueden ser un medio de comunicación efectiva, que nos permitan vincular al profesor y al alumno, el profesor visto como un facilitador que lleva conocimiento significativo al alumno. Los vídeos didácticos usados adecuadamente, esto es, con contenidos de calidad y actividades específicas para cada materia, lleva a que los estudiantes obtengan un apoyo didáctico, que pueden consultar fuera del horario de clase. Los vídeos didácticos son un excelente medio de estudio, y un gran apoyo para el proceso de enseñanza-aprendizaje del alumno. Siempre teniendo en mente que los vídeos didácticos, no son un sustituto de la clase, sino un apoyo para el alumno.

9 Referencias bibliográficas.

[1] Bartolomé, Antonio. (2004). Nuevas tecnologías en el aula. Barcelona: Gao.

[2] Cebrian de la Serna, M. (1994) "Los vídeos didácticos: claves para su producción y evaluación", en Pixel-Bilt: Revista de medios y educación, 1, pp. 31-42.

[3] Cabero Almanera, Rosalía Romero Tena. (2007). Diseño y producción de TIC para la formación. Nuevas tecnologías de la información y la comunicación. Barcelona: Editorial UOC.

[4] Cabero, y Gisbert. (2005). La formación en Internet. Guía para el diseño de materiales formativos. Sevilla, MAD.

[5] Silva, Salinas. (2005). Medios Didácticos Multimedia para el Aula. Las NNTT como herramientas didácticas en los centros educativos. España: Editorial Gesbiblo.

[6] Marques. (2003). "Los vídeos educativos: tipología, funciones, orientaciones para su uso". URL: http://peremarques.pangea.org/ videoori.htm.

[7] Moacier Gadotti. (2003). Perspectivas actuales de la educación. Argentina: Siglo XXI editores.

APRENDIZAJE EXPANSIVO, COLABORATIVO Y REDES DE APRENDIZAJE EN LAS CIENCIAS COMPUTACIONALES ENTRE UNIVERSITARIOS

Lotzy Beatriz Fonseca Chiu
Luis Antonio Medellín Serna

Resumen.

El trabajo tiene como finalidad difundir la experiencia de trabajar en el desarrollo de contenidos como vídeos y presentaciones el tema a tratar en los contenidos sería el bullying, basados en el aprendizaje expansivo, en red y colaborativo. Los contenidos serían desarrollados por jóvenes universitarios de las carreras de Ingeniería en Computación y Licenciatura en Informática que cursan las materias de Programación de Sistemas Multimedia materia que se imparte en el Centro Universitario de Ciencias Exactas e Ingenierías (CUCEI) de la Universidad de Guadalajara en el Departamento de Ciencias Computacionales en el calendario 2013 A.

Palabras clave: proyectos, aprendizaje expansivo, en red y colaborativo, ciencias computacionales.

Expansive, collaborative learning and learning networks in computer science among university.

Abstract.

The paper aims to disseminate the experience of working in the development of content such as videos and presentations, based on expansive learning, networking and collaboration. The content would be developed by university students in engineering careers in Computing and Bachelor of Computing in the subjects enrolled in Multimedia Systems Programming subject taught at the University Center for Science and Engineering (CUCEI) at University of Guadalajara Computer Science Department on the calendar 2013 A.

Keywords: projects, expansive learning, networking and collaborative, computational science.

1 Introducción.

El panorama en el que se inscribe el E-learning en la actualidad forma parte del paradigma socio-tecnológico que caracteriza la dinámica en la sociedad red.

Pensando en esta sociedad en red es que surge la idea en la que jóvenes universitarios desarrollaran contenidos como vídeos y presentaciones teniendo como tema el bullying en los que fuera posible crear redes de aprendizaje, fomentando la colaboración y expandiendo el aprendizaje usando las tecnologías de la información y la comunicación.

2 Referentes teóricos.

¿Qué es el aprendizaje expansivo? (Engeström, 1987) lo define como el proceso mediante el cual un individuo, al interior de un ámbito de prácticas, transforma o modifica el repertorio de su cultura para actuar de un modo diferente al que lo habría hecho si el conjunto de sus disposiciones culturales no hubiese cambiado.

¿Qué es el aprendizaje colaborativo? El aprendizaje colaborativo, es la adquisición de destrezas y actitudes que ocurren como resultado de la interacción en grupo (Salinas, 2000).

Colaborar tiene sentido en un entorno de acción comunicativo en red, como es Internet, colaborar formando parte de esos flujos comunicativos, es una verdadera oportunidad educativa.

Las actividades colaborativas son respuestas pedagógicamente potentes en un marco de acción comunicativa en red (Suárez, 2013).

¿Qué son las redes de aprendizaje? Una red de aprendizaje es una comunidad que, haciendo uso de todos los recursos tecnológicos propios de las redes interconectadas, aprende, comparte, coopera y colabora en distintos niveles educativos con compañeros, profesores, expertos, materiales y recursos didácticos en el ciberespacio. Las redes de aprendizaje favorecen la ampliación y potenciación de los eventos de enseñanza-aprendizaje en cualquier lugar de la Web, las perspectivas de acceso, uso y manejo de información se multiplican, puesto que la información y los recursos didácticos se enriquecen, además de favorecer la comunicación interpersonal, intergrupal, local y global. La interactividad en las redes de aprendizaje puede desarrollarse de forma síncrona y asíncrona transformándola en interactividad colectiva, y en consecuencia en la producción colectiva del conocimiento (Ruiz, 2012).

Para la presente experiencia se utilizó la Red Social Facebook.

¿Qué es una Red Social? Una Red Social es un conjunto formado por actores (personas, organizaciones u otras entidades) conectados entre sí por uno o varios tipos de relaciones, tales como la amistad, el parentesco, los intereses comunes, los intercambios comerciales.

Los servicios de Red Social son aplicaciones basadas en Web inicialmente destinadas a construir o reflejar las relaciones sociales entre personas; actualmente, también reflejan nuestra pertenencia a empresas y grupos, y nuestras aficiones. El conjunto de estos sistemas recibe el nombre de Redes Sociales y forman ya parte del quehacer diario de cualquier internauta, e incluso de muchos usuarios de telefonía móvil avanzada (Redondo, 2010). Según la temática que traten, podemos hablar de Redes Sociales horizontales o genéricas, como Facebook, y verticales o especializadas en un tema concreto, como las redes profesionales LinkedIn o Xing. Otra clasificación distingue entre redes centradas en el usuario, como Facebook o Twitter, y redes centradas en objetos, como YouTube o Flickr, donde lo que importa es el material que se comparte (Aced, 2010).

¿Qué es Facebook? Facebook es la red de las redes, la red más grande del mundo, que cambió para siempre el modo de relacionarnos y entretenernos. Se trata de un espacio Web gratuito creado inicialmente para la comunicación social de los estudiantes de Harvard, que ha logrado expandirse por todo el mundo. Los usuarios pueden acceder a esta red registrándose, y deben tener una cuenta de correo electrónico. El inventor y creador es Mark Zuckerberg, un estudiante de la Universidad de Harvard (Llavina, 2010).

¿Por qué publicar contenido a través de Facebook? En Jalisco, 83% de usuarios de Facebook son jóvenes. Para los jóvenes, las Redes Sociales se han convertido en parte de su vida cotidiana. De acuerdo a la encuesta de The Competitive Intelligence Unit (CIU, firma de consultoría e investigación de mercado de alcance regional sobre comunicaciones, infraestructura y tecnología), en México 90% de usuarios de Internet menores de 30 años utiliza Facebook, Twitter, HI5 o Myspace. Y en Jalisco, tan sólo del millón 407 mil 700 usuarios de Facebook, 83% es menor de 30 años (E. Barrera, 2011). Las estadísticas mencionadas anteriormente nos indican que las redes sociales son del agrado de los jóvenes, que son nuestro público objetivo, debido a esto se decide utilizar Facebook.

En la presente experiencia se trabajó por equipos, para desarrollar los contenidos sobre el tema bullying. Pero ¿Por qué trabajar en equipos? la razón básica para la creación de equipos de trabajo reside en la expectativa de que ejecutarán tareas con mayor eficacia que de manera individual, lo cual redundará en beneficio de los objetivos organizativos generales (West, 2003). Para comprender cómo hay que trabajar en equipos es importante tomar en consideración el contenido de la tarea y las estrategias y procesos empleados por los miembros del equipo para realizarla. Para funcionar con eficacia, los miembros de un equipo deben concentrarse activamente en sus objetivos, revisando con regularidad las formas de alcanzarlos y los métodos de trabajo del grupo. Asimismo, para fomentar su bienestar, el equipo debe reflexionar acerca de las maneras en que presta apoyo a los miembros, cómo se resuelven los conflictos y cuál es el clima social general del equipo.

Los aspectos más significativos del trabajo en equipo son:

- Alcanzar los objetivos del equipo.
- La participación activa dentro del equipo.
- La división de las tareas.
- Apoyo a la innovación.

3 Contexto.

El presente estudio se realizó en el calendario 2013 A entre jóvenes universitarios de las carreras de Ingeniería en Computación y Licenciatura en Informática que cursan la materia de Programación de Sistemas Multimedia que se imparte en el Centro Universitario de Ciencias Exactas e Ingenierías de la Universidad de Guadalajara, las edades de los estudiantes están entre 23-28 años de edad.

4 Desarrollo de la estrategia por pasos.

I.- Los estudiantes universitarios de la materia de Programación de Sistemas Multimedia desarrollarían contenidos propios sobre bullying en equipos de trabajo, los contenidos podrían ser presentaciones on-line, vídeos, entrevistas a expertos, para generar los contenidos tendrían como plazo de tiempo un mes (se les propuso a los estudiantes universitarios las siguientes estrategias para la publicación de los contenidos: los vídeos generados se podrían subir a YouTube, las presentaciones on-line podían desarrollarlas en Prezi o GoogleDocs).

II.- El profesor abrió un grupo en Facebook y agregó a los estudiantes universitarios de la materia de Programación de Sistemas Multimedia que previamente enviaron una "solicitud de amistad al profesor".

III.- El profesor abrió páginas Web en Facebook, una por equipo de trabajo de los estudiantes de la materia de Programación de Sistemas Multimedia. En la página Web de cada equipo de trabajo agregó los nombres de los integrantes de los equipos, además de agregar a los integrantes de los equipos como administradores de las páginas Web, el profesor también sería administrador de las páginas Web. Las páginas Web en Facebook, serían públicas.

IV.- El profesor publicó la liga de las páginas Web en Facebook en el grupo de Facebook. Y aviso a los estudiantes que las páginas Web estaban listas para publicar contenidos.

V.- Los estudiantes publicaron los contenidos generados.

VI.- Los estudiantes compartieron la liga de su página Web con otros estudiantes.

VII.- Los estudiantes presentaron el contenido generado, como vídeos, presentaciones y su página Web en Facebook, a estudiantes del:

CECAT 01 de Jocotepec, de la Preparatoria de Mazamitla y primarias públicas.

5 Resultados.

Los estudiantes universitarios compartieron los recursos generados, vídeos, presentaciones on-line y la página Web creada en Facebook a otros estudiantes de niveles de primaria y preparatoria.

A continuación fotos del trabajo de los estudiantes universitarios trabajando con otros estudiantes:

Imagen 1. Fotografías de universitarios presentando vídeos, presentaciones y la página Web en Facebook a estudiantes del CECAT 01 de Jocotepec y de la Preparatoria de Mazamitla.

6 Conclusiones.

Reflexionando sobre la experiencia.

¿Por qué se trata de una experiencia de aprendizaje expansivo?

Porque los estudiantes universitarios presentaron vídeos y presentaciones on-line sobre un problema social como es el bullying, tratando de que los estudiantes de primarias y preparatorias entendieran de una forma amena, ¿Qué es el bullying? ¿Qué consecuencias puede traer? y así cambiar la mentalidad de los estudiantes referente al tema, "ya que el aprendizaje expansivo surge de explicar cómo los individuos transforman sus modos habituales de actuar dentro de contextos culturales determinados" (Sepúlveda).

Educar para prevenir.

¿Por qué se trata de una experiencia de aprendizaje colaborativo?

Trabajaron por equipos para poder construir los recursos, vídeos y presentaciones on-line.

¿Por qué se trata de una experiencia de redes de aprendizaje?

Debido a que los estudiantes universitarios llevaron sus materiales a otros estudiantes de otros niveles educativos, además de publicar los contenidos en la Red Social Facebook.

7 Referencias bibliográficas.

[1] Aced, Cristina. (2010). Redes Sociales en una semana. Gestión 2000. Barcelona, pp. 7.

[2] E. Barrera. (2011). En Jalisco, 83% de usuarios de Facebook son jóvenes. El informador, 08 de febrero del 2011 recuperado desde la dirección http://www.informador.com.mx/jalisco/2011/269482/6/en-jalisco-83-de-usuarios-de-facebook-son-jovenes.htm el 13 de julio del 2013.

[3] Engeström, Y. (1987). Learning by expanding: An activity-theoretical approach to developmental research, Helsinki: Orienta-Konsultit.

[4] Llavina, Xantal. (2010). Facebook. Mejore sus relaciones conociendo la Red Social que conecta al mundo. Profit Editorial: España.

[5] Redondo, José Antonio Martín. (2010). Socialnets. La insospechada fuerza de unas aplicaciones que están cambiando nuestras vidas y nuestros trabajos. Península Editorial: Barcelona, pp. 13.

[6] Ruiz Enrique. (2012). Cibertrónica: Aprendiendo con tecnologías de la inteligencia en la Web semántica. México: Ediciones Díaz de Santos.

[7] Salinas, Jesús. (2000). El aprendizaje colaborativo con los nuevos canales de comunicación, 199 - 227; en Cabero, Julio (ed.) (2000). **Nuevas tecnologías aplicadas a la educación.** Madrid: Síntesis.

[8] Sepúlveda, Gastón "¿Qué es aprendizaje expansivo?" Artículo del Departamento de Educación de la Universidad de la Frontera, México (2001). Recuperado desde la dirección http://firgoa.usc. es/drupal/files/aprendizaje_expansivo.pdf el 13 de julio del 2013.

[9] Suárez Guerrero, Cristóbal. (2013). Aprender en red. De la interacción a la colaboración. Barcelona: Editorial UOC.

[10] West, M. (2003). El trabajo eficaz en equipo 1+1=3. Barcelona: Paidós plural.

ROA "LVIRTUAL" PARA APOYAR EL PROCESO DE ENSEÑANZA APRENDIZAJE ENTRE UNIVERSITARIOS DE CIENCIAS COMPUTACIONALES

Lotzy Beatriz Fonseca Chiu

Resumen.

El trabajo tiene como finalidad difundir los avances del estudio de implementar un Repositorio de Objetos de Aprendizaje, para apoyar el proceso de enseñanza aprendizaje de jóvenes universitarios que cursan las carreras de Ingeniería en Computación y Licenciatura en Informática, en las materias de Taller de Programación Estructurada, Taller de Programación Orientada a Objetos, Tópicos Selectos de Informática I (Comercio Electrónico) y Programación de Sistemas Multimedia, que se imparten en el Centro Universitario de Ciencias Exactas e Ingenierías (CUCEI) de la Universidad de Guadalajara, Departamento de Ciencias Computacionales en el calendario 2013 A.

Palabras clave: ROA, Objetos de Aprendizaje, universitarios, ciencias computacionales.

LOR "Lvirtual" supporting the teaching-learning process among university.

Abstract.

The paper aims to highlight the progress of the study to implement a Learning Object Repository to support the teaching-learning process of university students enrolled in engineering careers in Computing and Bachelor of Computing, in the areas of Structured Programming Workshop, Workshop OOP, Computer Selected Topics (E-commerce) and Multimedia Systems Programming taught at the University Center for Science and Engineering (CUCEI) at University of Guadalajara Computer Science Department in the calendar 2013 A.

Keywords: LOR, learning objects, university students, computer science.

1 Introducción.

Las universidades son instituciones dinámicas que establecen vínculos con una sociedad en permanente cambio. En la actualidad, han de hacer frente a los cambios demandados por la incorporación de las Tecnologías de la Información y de la Comunicación (Cebrián, 2003), y porque no hacerlo a través de un entorno de enseñanza virtual, que puede elaborarse a partir de múltiples componentes. Kaplan (2007) ha señalado que las ventajas de este planteamiento son su versatilidad, flexibilidad y la libertad de los usuarios para escoger los medios que estimen oportunos. De acuerdo a este enfoque en el que los usuarios más avanzados y con mayor interés en la utilización de prácticas innovadoras prefieren, generalmente, seleccionar sus propias herramientas. De ahí es que nace la idea de desarrollar el Repositorio de Objetos de Aprendizaje ROA llamado Lvirtual. El ROA, en adelante llamado Lvirtual en el presente documento, tendría como objetivo apoyar el proceso de enseñanza-aprendizaje de jóvenes universitarios que estudian las carreras de Ingeniería en Computación y Licenciatura en Informática del Centro Universitario de Ciencias Exactas e Ingenierías de la Universidad de Guadalajara, del Departamento de Ciencias Computacionales se presentarán los avances obtenidos en el calendario 2013 A.

2 Referentes teóricos.

¿Qué es un Repositorio de Objetos de Aprendizaje? Los Repositorios de Objetos de Aprendizaje (ROA) son colecciones de Objetos de Aprendizaje que tienen información detallada de sí mismos (metadatos), accesibles vía Internet (Morales, 2000). El diseño de Repositorios de Objetos de Aprendizaje pretende almacenar información previamente elaborada y organizarla para su posterior recuperación.

¿Por qué es importante desarrollar un Repositorio de Objetos de Aprendizaje? Los Repositorios de Objetos de Aprendizaje (ROA) están ligados directamente con la naturaleza de un Objeto de Aprendizaje. De hecho, no se visualizan de forma independiente, sino que la existencia de uno justifica la del otro. El repositorio almacenará de forma digital los Objetos de Aprendizaje, de forma debidamente organizada. La importancia de un Repositorio de Objetos de Aprendizaje radica en el acceso y que se puedan encontrar los recursos para una determinada temática. El Repositorio de Objetos de Aprendizaje sirve para que las instituciones puedan compartir recursos (Martínez y Prendes, 2007).

¿Qué es un Objeto de Aprendizaje? Un "Objeto de Aprendizaje" se define como cualquier recurso digital que puede ser reutilizado para soportar el aprendizaje. Son recursos digitales con fines educativos (Wiley, 2002). Una definición con connotación pedagógica es la de Polsani (2003), quien lo define como una unidad de aprendizaje independiente y auto-contenida que será predispuesta a ser reutilizada en múltiples contextos instruccionales. Por su parte, L'Allier (1997), define al Objeto de Aprendizaje como la experiencia estructural independiente más pequeña, que contiene: un objetivo, una actividad de aprendizaje y una valoración que permita determinar si se ha alcanzado el objetivo propuesto.

La idea central de los Objetos de Aprendizaje recae en la posibilidad de que estudiantes y profesores puedan adaptar los recursos didácticos de acuerdo con sus propias necesidades, inquietudes y estilos de aprendizaje y enseñanza, proveen de esa manera una educación flexible y personalizada.

Churchill (2007), propone clasificar los Objetos de Aprendizaje en las siguientes categorías:

1.- Objetos de presentación: recursos centrados en el logro de un objetivo de aprendizaje específico.
2.- Objetos de práctica: recursos que permiten poner en práctica algunos procedimientos e incorporan un cierto nivel de interactividad.

3.-   Objetos de simulación: recursos que representan un sistema real y permiten al estudiante interactuar con él e investigar sus aspectos operativos y funcionales.

4.-   Modelos conceptuales: recursos que representan modelos mentales que normalmente las persona son capaces de manipular, es decir, recursos que representan conocimientos conceptuales e ideas en lugar de sólo información.

5.-   Objetos de información: recursos que utilizan la visualización para dar información educativa.

6.-   Objetos contextuales: recursos que permiten a los alumnos explorar problemas reales, mediante los datos recogidos por ellos mismos.

Los Objetos de Aprendizaje deben centrarse en dos niveles: su accesibilidad e interoperatividad tecnológica y la capacidad de ser reutilizados (García, 2007).

La calidad de los Objetos de Aprendizaje según César Velázquez (2005), está dada por tres elementos: los tecnológicos, los pedagógicos y los elementos de contenido. Dentro de los elementos tecnológicos se puede mencionar todos aquellos que permiten que un Objeto de Aprendizaje pueda proporcionar las ventajas de reutilización y adaptabilidad; dentro de los elementos pedagógicos se encuentran todos aquellos que facilitan el proceso de enseñanza aprendizaje como la posibilidad de experimentación y la posibilidad de evaluación, entre otros elementos. Finalmente, dentro de los elementos de contenido están aquellos que dan información sobre la complejidad del tema y el nivel de detalle con que se aborda en el Objeto de Aprendizaje como la complejidad del tema, el nivel de detalle de la información, entre otros. Es importante tener en cuenta la calidad de los Objetos de Aprendizaje durante todo el proceso de la creación del mismo (Vidal, 2008).

¿Por qué y cómo un Objeto de Aprendizaje puede apoyar a un estudiante en su proceso de enseñanza-aprendizaje?

Debido a que la idea central de los Objetos de Aprendizaje recae en la posibilidad de que estudiantes y profesores puedan adaptar los recursos didácticos de acuerdo a sus propias necesidades, inquietudes y estilos de aprendizaje y enseñanza, proveen de esa manera una educación flexible y personalizada.

3 Objetivo.

Apoyar el proceso de enseñanza-aprendizaje de jóvenes universitarios de las carreras de Ingeniería en Computación y Licenciatura en Informática a través de Objetos de Aprendizaje contenidos en un ROA llamado Lvirtual.

4 Contexto.

El presente estudio se realizó en el calendario 2013 A, entre jóvenes universitarios de las carreras de Ingeniería en Computación y Licenciatura en Informática que cursan las materias de Tópicos Selectos de Informática I (Comercio Electrónico), Taller de Programación Orientada a Objetos, Taller de Programación Estructurada y Programación de Sistemas Multimedia; materias que se imparten en el Centro Universitario de Ciencias Exactas e Ingenierías de la Universidad de Guadalajara, las edades de los estudiantes están entre 18-24 años de edad.

5 Metodología.

La metodología elegida es un proceso de investigación-acción en que principalmente el estudiante interactúe con los Objetos de Aprendizaje contenidos en el ROA (Lvirtual) en el laboratorio, tanto en equipo como de forma individual, y el estudiante interactúe con los Objetos de Aprendizaje fuera del horario de clase habitual, con los Objetos de Aprendizaje especificados por el profesor. Las evidencias son recopiladas a través de foros en el ROA (Lvirtual) en donde los estudiantes publican los resultados de trabajar con los diferentes Objetos de Aprendizaje contenidos en el ROA (Lvirtual), fotos del trabajo de los estudiantes con los Objetos de Aprendizaje en horario de clase de laboratorio. Finalmente los alumnos contestaron una encuesta tipo Likert para conocer su percepción sobre el uso de los Objetos de Aprendizaje contenidos en el ROA (Lvirtual).

6 Desarrollo.

6.1 La estructura del ROA (Lvirtual).

Al ingresar al ROA (Lvirtual) el usuario tiene que escribir contraseña y usuario. Y los estudiantes solo podrán ingresar a los Objetos de Aprendizaje de la materia en la cual se encuentran registrados, esto es, si están registrados en la materia de Taller de Programación Orientada a Objetos, solo tendrán acceso a los Objetos de Aprendizaje que corresponden a esa materia.

Imagen 1. Página de inicio y estructura del ROA (Lvirtual).

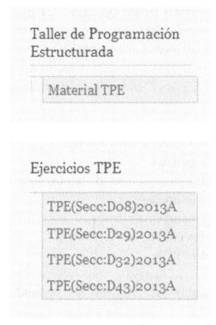

**Imagen 2. Bloque de la Materia de Taller
de Programación Estructurada.**

**6.2 Proceso del diseño de los Objetos de Aprendizaje
publicados en el ROA (Lvirtual).**

Pasos para construir los Objetos de Aprendizaje tipo Presentación.

I.-   Construir apuntes de las diferentes materias, con contenido de imágenes, esquemas, códigos de ejemplo y ventanas ilustrativas.
II.-   Digitalizarlos.
III.- Publicarlos en el ROA Lvirtual.

Pasos para construir los Objetos de Aprendizaje tipo Vídeos instruccionales.

I.-   Crear la presentación del vídeo instruccional.
II.-   Definir el objetivo.
III.- Grabar las capturas de las prácticas paso a paso.
IV.-   Generar el archivo .swf.

V.-   Probar el archivo final siguiendo los pasos para comprobar que el resultado final sea correcto.

VI.-   Publicar el archivo .swf en el ROA.

Pasos para construir los Objetos de Aprendizaje tipo Ejercicios de autoevaluación.

I.-   Crear los ejercicios y actividades.

II.-   Definir el objetivo.

III.- Empatar los ejercicios con los temas del programa de estudio de la materia en cuestión.

IV.-   Crear algoritmos (problemas).

V.-   Digitalizarlos usando exe-learning.

VI.-   Publicar en el ROA.

Pasos para construir los Objetos de Aprendizaje tipo Prácticas sugeridas.

I.-   Definir los problemas.

II.-   Definir los objetivos.

III.- Digitalizarlos.

IV.-   Publicar en el ROA.

6.3 Tipos de Objetos de Aprendizaje publicados en el ROA (Lvirtual) e imágenes de los Objetos publicados.

Objetos de Aprendizaje tipo Presentación.

Descripción de este tipo de Objetos de Aprendizaje:

En los Objetos de Aprendizaje tipo Presentaciones contamos con la explicación de los temas, secciones de código de ejemplo en algún lenguaje de programación, imágenes alusivas al tema, esquemas y diagramas de acuerdo a la materia para el cual el objeto de aprendizaje se desarrolló, el archivo publicado es un .pdf, los estudiantes pueden descargarlo.

Objetos de Aprendizaje tipo Vídeos instruccionales.

Descripción de este tipo de Objetos de Aprendizaje:

En los Objetos de Aprendizaje tipo Vídeos instruccionales el estudiante cuenta con prácticas guiadas paso a paso de las prácticas que se desarrollan en horario presencial en el laboratorio, esto con la finalidad de que el estudiante cuente con material de apoyo que le sea posible consultar fuera del horario de clase, como repaso. A este tipo de vídeos también se les llama vídeos de simulación. Los vídeos de simulación se desarrollaron de acuerdo a la materia.

Objetos de Aprendizaje tipo Ejercicios de autoevaluación.

Descripción de este tipo de Objetos de Aprendizaje:

En los Objetos de Aprendizaje tipo Ejercicios de autoevaluación el estudiante cuenta con una serie de ejercicios y algoritmos (problemas) de programación que debe resolver, de esta forma el estudiante autoevalúa su proceso de aprendizaje de un tema en específico.

Objetos de Aprendizaje tipo Prácticas sugeridas.

Descripción de este tipo de Objetos de Aprendizaje:

En los Objetos de Aprendizaje tipo Prácticas sugeridas los estudiantes en base a los Objetos de Aprendizaje tenían que desarrollar algún ejercicio en el lenguaje de programación propio de la materia correspondiente que significará un reto, esto es el estudiante desarrolla prácticas sin ayuda del profesor pero en base a los conocimientos adquiridos a través de los Objetos de Aprendizaje y clases anteriores con su profesor. Algunas prácticas sugeridas significaban pequeños retos y se desarrollaban en tiempo de clase de laboratorio, algunas prácticas sugeridas eran retos que tenían que desarrollar fuera del horario de clase.

Imagen Objetos de Aprendizaje tipo Prácticas sugeridas:

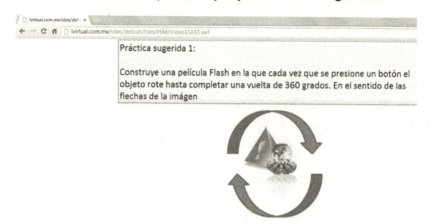

Imagen 3. Objetos de Aprendizaje tipo Prácticas sugeridas materia Programación de Sistemas Multimedia.

7 Diseño instruccional, metodologías y pedagogías en las que se basa el ROA (Lvirtual).

7.1 El Modelo instruccional en el que está basado el ROA (Lvirtual) es el Assure.

El modelo Assure.

Desarrollado por Robert Heinich, Michael Molenda (Universidad de Indiana) y Jame D. Rusell (Universidad de Perdue), es un modelo de diseño instruccional especialmente utilizado en la selección y uso de tecnología educativa (Muñoz, 2009).

El modelo Assure consta de los siguientes pasos:

1.-   Analizar a los alumnos.
2.-   Fijar los objetivos.

3.- Seleccionar los métodos de formación, la tecnología y los medios de distribución de los materiales didácticos.

4.- Utilizar los medios y los materiales.

5.- Exigir la participación de los alumnos.

6.- Evaluar y revisar.

Paso 1.-Analizar a los alumnos.

Jóvenes universitarios que cursan las materias de Tópicos Selectos de Informática I (Comercio Electrónico), Taller de Programación Orientada a Objetos, Taller de Programación Estructurada y Programación de Sistemas Multimedia, materias que se imparten en el Centro Universitario de Ciencias Exactas e Ingenierías de la Universidad de Guadalajara, las edades de los estudiantes están entre 18-28 años de edad.

Paso 2.-Fijar los objetivos.

En el ROA Lvirtual se sigue un objetivo para cada objeto de aprendizaje y se empata con el programa de estudio de cada una de las materias.

Paso 3.-Selección de métodos instruccionales, medios y materiales.

Los métodos instruccionales que se abarcan en el ROA (Lvirtual) son:

Texto, imágenes, vídeo y multimedia para cada una de las materias anteriormente mencionadas.

Paso 4.-Utilizar medios y materiales.

Tras completar las fases anteriores, es momento de desarrollar la lección o el curso y utilizar los medios y materiales que fueron elegidos previamente.

En el ROA (Lvirtual) se utilizan los recursos en horario de clase laboratorio y fuera del horario de clase.

Paso 5.-Requiere la participación del estudiante.

Es importante recordar que los estudiantes aprenden mejor cuando están envueltos de manera activa en el aprendizaje.

En el ROA (Lvirtual) se utilizan los recursos y como resultado se publican las prácticas desarrolladas en base a los contenidos disponibles en el ROA (Lvirtual), a través de foros podemos observar la participación de los estudiantes ya sea en forma individual o grupal, en horario de clase y fuera del horario de clase.

7.2 Metodologías y pedagogías en las que se basa el ROA (Lvirtual).

Metodología constructivista.

Es una corriente que afirma que el conocimiento de todas las cosas es un proceso mental del individuo, que se desarrolla de manera interna conforme el individuo obtiene información e interactúa con su entorno, lo que permite cambiar el enfoque, moviéndolo del enseñar al aprender, de la conferencia a la conversación, del docente al tutor, de los contenidos a las estrategias, de la Universidad a la sociedad en su conjunto (Gonzalvéz, 2011).

En Lvirtual se fomenta esta metodología debido a que los alumnos construyen conocimiento propio y como resultado vemos los programas que desarrollan a partir de la información contenida en Lvirtual.

Metodología de aprendizaje colaborativo.

Desde la etimología, colaborar del latín "co-laborare", "laborare cum" y significa "trabajar juntamente con". La expresión cooperativo es propia del trabajo con los niños y colaborativo es más pertinente para universitarios o adultos (Hernández, 2011).

En Lvirtual se aprende de forma colaborativa y de forma individual. Podemos ver eso en los foros resultantes. Apreciamos

el trabajo en equipo. Pero fomentamos de igual forma el trabajo individual.

Metodología del aprendizaje basado en problemas.

Podemos empezar con las características del ABP: Es un sistema didáctico que requiere que los estudiantes se involucren de forma activa en su propio aprendizaje hasta el punto de definir un escenario de formación autodirigida. Puesto que son los estudiantes quienes toman la iniciativa para resolver los problemas, podemos afirmar que estamos ante una técnica en donde ni el contenido ni el profesor son elementos centrales.

Barrows (1986) define el ABP como un método de aprendizaje basado en el principio de usar problemas como punto de partida para la adquisición e integración de los nuevos conocimientos. Las características fundamentales del método son fijadas por dicho autor y se mencionan a continuación:

- El aprendizaje está centrado en el alumno.
- El aprendizaje se produce en pequeños grupos.
- Los profesores son facilitadores de organización y estímulo para el aprendizaje.
- Los problemas son un vehículo para el desarrollo de habilidades de resolución de problemas.
- La nueva información se adquiere a través del aprendizaje autodirigido.

En Lvirtual se fomenta la metodología basada en problemas, debido a que en equipos resuelven los Objetos de Aprendizaje de tipo ejercicios de autoevaluación en las cuales los alumnos tienen que resolver problemas en alguna de sus partes.

Algunas estrategias de uso de los Objetos de Aprendizaje contenidos en el ROA (Lvirtual).

Estrategias de uso de los Objetos de Aprendizaje en horario de laboratorio.

I.-   Proponer a los estudiantes a que ingresen al ROA (Lvirtual).

II.-   Desarrollen los Ejercicios de autoevaluación que aparecen en las materias.

III.-   Publiquen los resultados por ejemplo en un foro, Wiki, Blog o envíen el archivo al correo electrónico del profesor, las posibilidades son muchas.

Cabe mencionar que para el presente estudio se utilizaron foros habilitados en el ROA (Lvirtual) para que los estudiantes publicaran los resultados de los ejercicios.

Estrategias de uso de los Objetos de Aprendizaje fuera de horarios de clase.

I.-   Proponer a los estudiantes a que ingresen al ROA (Lvirtual).

II.-   Sigan los vídeos instruccionales paso a paso y la práctica desarrollada se envíe al correo electrónico del profesor.

III.-   Informarle al estudiante que tiene un plazo de 1 semana, en 1 día las posibilidades son muchas.

Cabe mencionar que para el presente estudio se utilizaron discos duros virtuales que los estudiantes abrieron en Box, Dropbox, etc. para subir sus prácticas y en los foros habilitados en el ROA (Lvirtual) solo se publicaron las ligas a las prácticas contenidas en los discos duros virtuales y gratuitos.

8 Resultados preliminares.

Mencionar la cantidad de estudiantes que usaron la plataforma este semestre 2013 A me parece un logro importante.

En la materia de **Taller de Programación Estructurada** los Objetos de Aprendizaje se utilizaron una hora cada semana. La cantidad de estudiantes que los utilizaron es de **85** en las secciones D08, D29, D32 y D43. Resolvieron 20 Ejercicios de autoevaluación y codificaron 14 programas. Ejercicios que publicaron en foros habilitados en el ROA (Lvirtual).

Imagen 4. De los Ejercicios de autoevaluación resueltos por los estudiantes en foros en el ROA (Lvirtual)

En la materia de **Taller de Programación Orientada a Objetos** los Objetos de Aprendizaje se utilizaron una hora cada semana. La cantidad de estudiantes que los utilizaron es de **19** en la sección D10. Resolvieron 6 Ejercicios de autoevaluación y codificaron 3 programas. Ejercicios que publicaron en foros habilitados en el ROA (Lvirtual). Siguieron paso a paso 10 Objetos de Aprendizaje de tipo Vídeo instruccional, los programas resultantes los publicaron en discos duros virtuales cuyas ligas publicaron en foros habilitados en el ROA (Lvirtual). Utilizaron 3 Objetos de Aprendizaje tipo Presentaciones en base a los cuales elaboraron Mapas Mentales en la herramienta Prezi disponible en Internet.

En la materia de **Programación de Sistemas Multimedia** los Objetos de Aprendizaje se utilizaron una hora cada semana. La cantidad de estudiantes que los utilizaron es de **23** en la sección D06. Siguieron 29 Objetos de Aprendizaje de tipo Vídeos instruccionales, las prácticas resultantes las subieron a un disco duro virtual cuya dirección compartieron en un foro habilitado en el ROA (Lvirtual). Utilizaron 1 Objeto de Aprendizaje de tipo Presentación en base al cual elaboraron un Mapa Mental en Prezi. Codificaron 6 prácticas sugeridas y un proyecto final.

En la materia de **Tópicos Selectos de Informática I (Comercio Electrónico)** el Objeto de Aprendizaje tipo Presentación "manual de Drupal 7" sirvió de base para que los estudiantes desarrollaran un sitio Web, como una de las prácticas que se solicitan en la materia, trabajaron en la práctica fuera del horario de clase. La cantidad de estudiantes fue de **51** en las secciones D02 y D03.

Se realizó la siguiente encuesta tipo Likert:

1.- ¿El manual de Drupal 7 que te proporcionó el profesor te ayudo a desarrollar tu sitio de forma?
     a) excelente b) muy buena c) regular d) buena e) mala
2.- ¿Consideras que aprendiste el uso de Drupal 7 de forma?
     a) excelente b) muy buena c) regular d) buena e) mala
3.- ¿Qué módulos aplicaste en tu sitio Web que investigaste por tu cuenta?
     R=

Se obtuvieron los siguientes resultados:

Pregunta	Cantidad de Estudiantes	Resultado
1	1	Excelente
	49	Muy buena
	1	Regular
2	50	Muy buena
	1	Buena
3	**Algunos de los módulos que mencionaron:** Views, Ctools, Admin_menu, Pathauto, Token, blog, poll, devel, chat, galleria de fotos entre otros.	

En total **171 estudiantes utilizaron los Objetos de Aprendizaje contenidos en el ROA (Lvirtual). En las siguientes imágenes se muestran algunos resultados de la encuesta realizadas para evaluar los Objetos de Aprendizaje de Lvirtual desde la óptica de los estudiantes:**

Encuesta realizada a estudiantes para los Objetos de Aprendizaje tipo **Presentaciones** y tipo **Vídeos instruccionales:**

1.- ¿Cuenta con Objetivo de forma?
   a) excelente b) muy buena c) buena d) mala e) regular
2.- ¿Cuenta con Contenido de forma?
   a) excelente b) muy buena c) buena d) mala e) regular
3.- ¿Cuenta con Práctica Guiada de forma?
   a) excelente b) muy buena c) buena d) mala e) regular
4.- ¿Cuenta con Explicaciones de forma?
   a) excelente b) muy buena c) buena d) mala e) regular
5.- ¿Cuenta con Práctica final de autoevaluación de forma?
   a) excelente b) muy buena c) buena d) mala e) regular

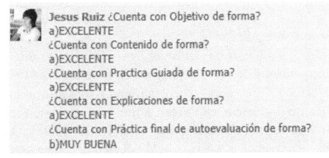

Imagen 5. Encuesta sobre los Objetos de Aprendizaje tipo Presentaciones en la materia de Taller de Programación Estructurada

9 Conclusiones.

Los contenidos educativos como Objetos de Aprendizaje se recopilan en contenedores llamados Repositorios de Objetos de Aprendizaje ROA que en el caso del estudio presentado en este documento se dividió por bloques (categorías), en cada bloque se publicaron Objetos de Aprendizaje para una materia en específico, las materias abarcadas son: Taller de Programación Estructurada,

Taller de Programación Orientada a Objetos, Programación de Sistemas Multimedia y Tópicos Selectos de Informática I, que se imparten en el Centro Universitario de Ciencias Exactas e Ingenierías de la Universidad de Guadalajara en el Departamento de Ciencias Computacionales.

Se construyeron Objetos de Aprendizaje de los siguientes tipos:

- Objetos de aprendizaje de tipo Presentaciones.
- Objetos de aprendizaje de tipo Vídeos instruccionales.
- Objetos de aprendizaje de tipo Ejercicios de autoevaluación.
- Objetos de aprendizaje de Prácticas sugeridas.

Con la finalidad de apoyar el proceso de enseñanza-aprendizaje de 171 estudiantes en el calendario 2013 A, calendario que abarca los meses de febrero a junio, objetivo que claramente se cumplió, los resultados preliminares son buenos, como podemos observar en las encuestas presentadas anteriormente.

Como ventajas de la utilización del ROA (Lvirtual) podemos mencionar:

Los estudiantes lograron trabajar en el horario de clases de laboratorio apoyados por los Objetos de Aprendizaje y también fuera del horario habitual de clases. Los estudiantes consultaron los recursos del ROA (Lvirtual) desde cualquier lugar con conexión a Internet. **El profesor apoyo su cátedra a través del uso de los Objetos de Aprendizaje contenidos en el ROA (Lvirtual). Los Objetos de Aprendizaje contenidos en el ROA (Lvirtual) podrán reutilizarse y podrán ser utilizados por estudiantes de los siguientes calendarios.**

Futuras mejoras al ROA (Lvirtual):

I.-   Construir más Objetos de Aprendizaje en sus diferentes tipos.
II.-   Añadir más bloques (categorías) que abarquen otras materias al ROA (Lvirtual).

10 Referencias bibliográficas.

[1] Barrows, H.S. (1986). A Taxonomy of problem-based learning methods, en Medical Education, 20/6, 481-486.

[2] Cebrián, M. (2003). Enseñanza Virtual para la Innovación Universitaria. Madrid: Narcea Ediciones.

[3] Churchill. (2007). "Towards a useful classification of learning objects", Educational Technology Research and Development, vol. 55, no. 5, pp. 479-497.

[4] Escribano, A. (2008). El aprendizaje basado en problemas. Una propuesta metodológica en educación superior. Narcea.

[5] García, Aretío. (2007). De la educación a distancia a la educación virtual. Barcelona: Editorial Ariel.

[6] Gonzálvez, J. (2011). La Web 2.0 y 3.0 en su relación con el eees. Madrid: Editorial Visión Libros.

[7] Hernández, A. (2011). Metodología de aprendizaje colaborativo a través de las tecnologías. Ediciones Universidad Salamanca.

[8] Kaplan, M. (2007). Scholarship of Multicultural Teaching and Learning, Jossey-Bass.

[9] L'Allier, J. (1997). Frame of Reference: NETg's Map to the Products, Their Structure and Core Beliefs. NetG.

[10] Morales, M. (2000).Gestión del conocimiento en sistemas E-learning, basada en Objetos de Aprendizaje, cualitativa y pedagógicamente definidos. Salamanca: Ediciones Universidad de Salamanca. Colecciones Vítor, 53.

[11] Martínez, F., Prendes, M. (2007). Matemática en red. Los Objetos de Aprendizaje en sistemas presenciales de enseñanza secundaria. [En Línea]. Disponible en: http://digitum.um.es/xmlui/

bitstream/10201/12636/1/Proyecto_OA.pdf Consultado: 15 de marzo del 2013.

[12] Martínez Martínez, Adriana. (2009). Innovación y Competitividad en la Sociedad del Conocimiento. Plaza y Valdés.

[13] Muñoz, P. (2009). El diseño de materiales de aprendizaje multimedia y las nuevas competencias del docente en contextos teleformativos. Bubok.

[14] Polsani, P. (2003). Use and Abuse of Reusable Learning Objects. Journal of Digital Information, pp. 3, Article No. 164.

[15] Velázquez, C. et. al. (2005). La importancia de la definición de la calidad del contenido de un Objeto de Aprendizaje. En Avances en la ciencia de la computación; pp. 329-333. Disponible en http://ixil.izt.uam.mx/pd/lib/exe/fetch.php/laimportanciadeladefiniciondelacalidaddelcontenido.pdf.

[16] Vidal Segura. (2008). "Calidad en Objetos de Aprendizaje". Actas del V Simposio Pluridisciplinar sobre Diseño y Evaluación de Contenidos Educativos Reutilizables, Universidad de Salamanca. Disponible en http://www.web.upsa.es/spdece08/contribuciones/139_CalidadEnObjetosDeAprendizajeTypeInstSpringerFinalVidalSeguraPrietov99.pdf. Consultado: 09 de febrero del 2013.

[17] Wiley, D.A. (2002). Connecting Learning Objects to instructional design theory: A definition, a metaphor, and a taxonomy. En Wiley (ed.) The Instructional Use of Learning Objects, pp. 571-577.

Colofón

LIBRO CIENTÍFICO

INVESTIGACIONES EN TECNOLOGÍAS

DE INFORMACIÓN INFORMÁTICA

Y COMPUTACIÓN

Se terminó de imprimir en los Estados Unidos de América

en Enero de 2014

con un tiraje de 300 ejemplares.